추천사

"이 책을 읽는 순간, 여러분의 인생은
웰빙과 행복으로 가득 찰 것이 분명하다."

∷ **이시형**(신경정신과 의사, 《행복한 독종》, 《공부하는 독종이 살아남는다》 등의 저자)

"사람들에게 웃음을 주고 싶어 정신없이 달려왔다. 인간은 웃으면서 걱정을 덜고 행복함을 느끼는 존재라는 걸 잘 알기 때문이다. 그러다 문득 '나는 얼마나 행복할까?'를 생각해본다. 여러 가지 삶의 요소들이 조화를 이루어야 행복할 수 있다는 책의 조언, 독자 여러분과 함께 나누고 싶다."

∷ **이경규**(방송인, 코미디언)

"하루하루를 살면서 그 누구도 아닌 나의 행복에 도움이 되는 선택을 하고자 많이 노력하는 편이다. 개인적으로 건강 관련 부분의 글을 읽으며 많은 것을 느낀다. 한 끼 식사를 고르는 일에도 입이 원하는 대로가 아닌, 건강까지 고려한 선택을 실천하겠다."

∷ **양준혁**(스포츠해설가, 전 삼성라이온즈 선수)

Well Being by Tom Rath and Jim Harter
Copyright ⓒ 2010 by Gallup

Original English Language Publication 2010 by Gallup Press, New York, NY, USA
All rights reserved.

Korean Translation copyright ⓒ 2011 by WINNERSBOOK
Korean Translation rights arranged with Gallup Press through EYA (Eric Yang Agency)

이 책의 한국어판 저작권은 EYA(Eric Yang Agency)를 통한 Gallup Press와의
독점계약으로 한국어 판권을 위너스북이 소유합니다.
저작권법에 따라 한국 내에서 보호를 받는 저작물이므로 무단전재와 복제를 금합니다.

美 갤럽연구소의 세계 최초 미래 행복보고서!

웰빙 파인더

WELL BEING FINDER

톰 래스·짐 하터 지음 | 성기홍 옮김

| 편집자 주 |

▶ 이 책은 갤럽연구팀이 50년간 전 세계인들을 대상으로 연구·조사한 웰빙, 행복 관련 자료들을 정리한 것이다. 그동안 150개 나라 이상에서 500만 명이 넘는 사람들이 갤럽 리서치 설문에 참여하였는데, 일부 설문의 경우 1,500만 명 이상의 사람들이 참여했다. 연구의 방대함과 신뢰도 면에서 타의 추종을 불허한다.

▶ 본문에 표시된 '+' 기호는 관련 연구자료들이 각 장 뒷부분에 상세히 표시되어 있다는 의미다. 각 장 마지막에 정리된 내용들은 리서치자료, 참고자료, 기타 연구자료들이다. 페이지 번호와 함께 굵게 표시한 부분은 본문에서 그대로 따온 것이며, 몇몇 참고자료에는 부연설명이 곁들여 있음을 미리 밝힌다.

추천사

몇 해 전, 한 언론과의 인터뷰에서 '이렇게 오랫동안 살 줄 알았더라면 인생설계를 다시 했을 것'이란 말을 한 적이 있습니다. 뒤돌아보면 지난 수십 년 동안 사람들의 건강과 행복증진에 많은 관심을 갖고 책 쓰기와 강연활동을 꾸준하게 벌였던 것 같습니다. 이 모든 것들이 결국 저 개인뿐만이 아닌 우리들의 행복 찾기와 맥을 같이 합니다. 사람들은 누구나 행복하기를 원합니다. 지금보다 더 행복하기 위해 많은 돈과 시간을 들입니다. 그렇다면 진정한 행복은 무엇일까요? 이에 대한 답은 사람마다 다르겠지만 삶에 여러 가지 요소들, 그러니까 직업, 돈, 건강, 인간관계 등의 적절한 조화와 균형이 삶에 반영되고 실천할 때 가능할 것입니다. 우리가 매일 먹는 음식과 마찬가지로 이런 테마들 중 한 가지에만 집착하는 편식은 우리의 행복을 망가뜨릴 수 있습니다.《웰빙 파인더》의 추천사를 의뢰

받고 나서 책을 접했을 때, 놀랍게도 평소 제가 생각하는 행복의 추구와 꽤 유사하다는 느낌을 받았습니다. 50년 동안 전 세계인들의 삶을 조사한 결과를 데이터화하여 사람들에게 진정한 행복으로 가는 길을 제시하고 있습니다. 책을 읽다 보면 현재 나 스스로가 느끼는 행복 수준이 어느 정도인지, 또 어느 부분을 보완해야 좋을지에 대해 알게 됩니다. 책을 통하여 알게 모르게 여러분의 행복을 가로막고 있는 부분이 나타난다면 지금보다 더 노력하여 삶의 체질을 바꾸고 개선함으로써 그토록 바라는 행복으로 한 걸음 더 다가가기를 바랍니다. 마지막으로 진정한 행복은 덧없는 욕심이 아니라 삶의 많은 부분들의 조화와 균형, 그리고 노력이라는 점을 다시 한 번 강조합니다. 모쪼록 많은 분들이 이 책을 통해 행복의 단서를 찾으시기 바랍니다.

세로토닌문화, 힐리언스 선마을
이시형 박사

옮긴이의 말

지금까지 막연하게 생각하던 웰빙에 대한 상식이 이 책을 보면서 정리된 듯하다. 지금 사람들은 웰빙에 대한 관심이 매우 높다. 어느 새 많은 사람들의 귀에 익숙해진 이 말의 진정한 의미와 가치가 무엇인지 알고 싶어 나름 연구도 하고 있다. 웰빙의 의미를 두고 어떤 분들은 단순히 건강하고만 관련짓거나, 또는 그저 잘 먹고 잘 사는 법이라는 정도의 생각에만 국한하려는 듯 보인다. 물론 틀린 말은 아니다. 그렇다고 모두 맞는 주장도 아니다. 그렇다면 웰빙을 어떻게 이해해야 좋을까? 웰빙은 결국 많은 사람들이 그토록 바라는 행복과 관련이 깊다. 더 나은 인생, 행복한 삶을 원치 않는 사람은 없다. 간당간당한 살림살이보다는 여유가 있는 부자가 되고 싶고, 빛나던 20대 시절의 열정과 건강을 바라고, 남 부러워할 만한 반듯한 직장이나 사회적 성공을 원하며, 주변 사람들과의 원만한 관계 및 긍정적인 상호 피드백이 충만한 조직을 기대한다. 그리고 내가 가진 것을 나누고 봉사하는 삶을 사는 것을 꿈꾼다. 이 책에서 주장하는 웰빙, 나아가 행복은 조금 전에 나열한 내용들의 적절한 조화와 균형이라고 보면 된다. 어느 한 가지에만 집중된 것이 아닌 행복을 결정하는 여러 가지 요소들에서 만족해야 충분히 행복하다고 볼 수 있다.

세상에는 웰빙이나 행복과 관련된 정보와 뉴스, 그리고 책들이 차고 넘친다. 이런 문제들에 대한 사람들의 관심이 많다 보니 당연한 결과겠지만 사실 성에 안 차는 경우가 많다. 그런데 놀랍게도 미국 갤럽에서는 50년 전부터 우리의 가장 큰 삶의 관심사 중 하나인 웰빙에 대해 체계적이면서도 합리적?기술적 툴을 기초로 진지한 연구를 함으로써 우리에게 생각거리를 제시하고 있다. 무려 150개 나라 이상에서 1,500만 명이라는 수치만 봐도 알 수 있듯이, 이 책은 전 세계인들이 자신의 삶을 살면서 느끼는 행복 수준을 통계화한 결과물이다. 방대한 데이터양과 합리적이면서도 보편성까지 획득한 기가 막힌 작업이란 생각이 든다. 웰빙이라는 추상적 테마를 수치화한다? 과연 그것이 가능한 일일까? 어떤 결과를 제시할 수 있을까? 등등의 의문이 번역작업을 하는 내내 머릿속에서 떠나지 않았다. 그러나 작업이 모두 마무리된 지금 생각해보면, 그와 같은 의구심과 염려는 기우에 불과했다. 아마 이 책을 접하게 된 독자들은 내가 그랬던 것처럼 책을 읽는 동안 인생에서 추구해야 할 진정한 삶의 가치와 웰빙, 행복의 척도에 대하여 나름의 힌트를 얻게 될 것이 분명하다.

누구에게나 적당한 인생이란 없다. 자기 분야에서 최고가 되고 싶고, 궁극적으로는 행복하고 싶으며, 건강한 삶을 살고 싶어 한다. 《웰빙 파인더》로 들여다보는 전 세계인들의 삶을 읽다 보면 막연했던 행복 추구가 아닌, 구체적인 실행계획이 여러분의 삶에 세워질 수 있으리라고 생각한다. 나아가 지금보다 더욱 행복한 날들이 될 것이다. 밀리언셀러 베스트 작가인 톰 래스 및 짐 하터 박사의 책을 번역, 출간하여 독자 여러분에게 소개할 수 있게 된 것을 정말 기쁘게 생각한다. 아무쪼록 이 책을 읽고 계신 모든 독자 여러분의 삶이 진정성으로 가득 채워짐은 물론, 인생의 가치가 빛나기를 바라며, 어디에서든 균형 잡힌 웰빙을 추구하는 사람이 되기를 바란다.

2011년 4월
옮긴이 성기홍 박사

차례 / Contents

추천사 ·· 5
옮긴이의 말 ·· 7

서문 | 세계 최초 세계인들의 행복보고서! ·· 14
인생을 가치 있게 만드는 것은 무엇인가? ·· 15
웰빙을 좌우하는 다섯 가지 테마 ·· 18
우리는 왜 눈앞의 욕구에 무너질까? ·· 21
웰빙의 수준을 높여라 ·· 24
Reference ·· 26

Chapter 1

자신의 일에 열정과 비전을 가져라! 33
직업적 웰빙 (Career Wellbeing)

정체성을 잃어버리는 순간 ·· 35
왜 수업 종료종이 울리기만을 기다리는가? ·· 37
주말처럼 즐거운 주중시간을 보내려면? ·· 40
불행한 직장생활은 사람을 죽일 수도 있다 ·· 42
업무와 뇌의 움직임, 혈액순환의 관계 ·· 44
좋은 상사는 훌륭한 의사만큼 중요하다 ·· 46
강점을 적극 활용하라 ·· 48
직업적 웰빙의 핵심들 ·· 50
Reference ·· 52

Chapter 2

주변인들과 돈독한 인간관계를 맺어라! 　　　　69
사회적 웰빙(Social Wellbeing)

가족보다 친구가 더 많은 영향을 미친다? ·· 70
인간관계가 비만에 미치는 영향 ·· 73
타인의 행복까지 신경 써라 ·· 75
하루 6시간 투자로 훌륭한 하루를 ·· 78
친구가 없는 직장은 외로울 뿐이다 ·· 79
절친 한 명이면 충분하다고? 글쎄올시다… ·· 82
사회적 웰빙의 핵심들 ·· 84
Reference ·· 85

Chapter 3

당신의 재정 상태를 꼼꼼히 점검하라! 　　　　97
경제적 웰빙(Financial Wellbeing)

돈과 행복은 얼마나 밀접할까? ·· 98
돈으로 행복을 사는 방법 ·· 101
쇼핑을 통한 기분 전환 ·· 102
좋은 경험과 기억을 구매하라 ·· 103
비교의 딜레마 ·· 106
나에게 유리한 쪽으로 비합리성 활용하기 ·· 109
긍정적인 원칙(디폴트) 설정하기 ·· 111
부의 축적이 잘못된 목표일까? ·· 114
스트레스를 최소화하는 데 투자하라 ·· 115
경제적 웰빙의 핵심들 ·· 118
Reference ·· 119

Chapter 4

절제와 자기관리, 그리고 운동으로 에너지를 채워 넣어라! 131
육체적 웰빙(Physical Wellbeing)

나쁜 유전자 잠재우기	‥134
다음 세대를 위한 유전자 보호	‥135
당신의 기분을 위한 음식	‥136
하루 종일 상쾌함을 유지시켜 주는 20분 운동	‥139
"너무 피곤하다고요?" 지금이 바로 운동을 할 최적의 시간입니다	‥141
당신의 하루를 재가동시키는 버튼, 수면	‥143
자는 동안에도 쉼없이 움직이는 뇌	‥144
적정 수면시간	‥146
건강을 위한 긍정적인 원칙들	‥148
건강의 경제학	‥149
육체적 웰빙의 핵심들	‥152
Reference	‥154

Chapter 5

지역사회에 적극 참여하고 틈틈이 봉사하라! 179
커뮤니티 웰빙(Community Wellbeing)

당신을 위한 완벽한 장소	‥180
웰-두잉	‥182
지역사회에 적극 참여하기	‥185
개인의 관심사를 주변에 알려라	‥188
지역사회 전체의 웰빙 높이기	‥189
커뮤니티 웰빙의 핵심들	‥191
Reference	‥193

결론 | 삶을 가치 있게 만드는 요소 측정하기 ·· 199
Reference ·· 204

부록
웰빙 수준을 높이는 부가적 방법들

A 일상에서의 웰빙: 시간을 보내는 방법 ·· 208
우리가 가장 즐기는 활동 | 함께 시간을 보내고 싶은 사람이 누구인가?

B 조직에서의 웰빙 증대: 관리자와 리더의 역할 ·· 217

C 5가지 웰빙 테마 재정리 ·· 222
직업적 웰빙 | 사회적 웰빙 | 경제적 웰빙 | 육체적 웰빙 | 커뮤니티 웰빙

D 미국의 웰빙 ·· 227
미국의 주(州)별 웰빙 수준 | 미국의 도시별 웰빙 수준

E 글로벌 웰빙 ·· 234
국가별 웰빙 수준 | 대륙별 웰빙 수준

Wellbeing Finder

서문
세계 최초 세계인들의 행복보고서!

 웰빙에 대해 우리는 얼마나 알고 있을까? 사실 많은 이들이 알고 있는 웰빙 가운데 대부분의 것들은 대체로 잘못 알려져 있거나 오해하고 있는 경우가 많다. 많은 사람들이 생각하고 있는 바와는 달리, 웰빙은 막연히 행복해지는 것에 관한 이야기가 아니다. 또한 순전히 부자가 되거나 성공과 관련된 것만도 아니며, 육체적 건강과 정신적 만족에만 한정되지도 않는다. 사실 이런 요소들 가운데 어느 한 가지에만 집중적으로 관심을 기울이는 행위는 우리에게 좌절감을 남기거나 심지어는 패배의식을 불러일으킬 수도 있다. 사람들은 많은 돈을 벌게 해준다거나 살을 빼도록 도와준다거나 또는 인간관계를 돈독히 만들어주겠다고 약속하는 프로그램 등에 망설임 없이 자신의 지갑을 연다. 그러고는 그와 같은 특정 플랜에 많은 시간과 에너지를 쏟아 부으며 몇 주를 보낸다. 그러나 이런 프로그램들이 인생의 다른 측면들과 충돌을 빚으면 결국 그것을 포기해버리곤 한다.

이런 주제를 다룬 책을 읽었거나 비디오를 봤거나 강연에 참석해본 적이 있다면, 삶의 특정 영역에 지나치게 몰두하는 일이 실제로 전체적인 웰빙의 밸런스를 어떻게 손상시키는지 잘 알 것이다. 단적인 예로 개인적인 일과 가정, 그리고 인간관계를 희생해가면서 너무 많은 시간과 에너지를 직장에 쏟아 붓는 사람들이 얼마나 많은지 생각해보자. 인생에서 중요하게 생각되는 영역들을 마치 독립적이고 서로 무관한 것처럼 여기면서 살아가는 편이 한결 더 수월하겠지만, 인생은 결코 그렇지 않으며 그 영역들은 실제로 '상호 의존적'이다.

인생을 가치 있게 만드는 것은 무엇인가?

갤럽연구진은 20세기 중반부터 웰빙 생활에 필요한 요

소들을 집중적으로 연구해왔다.[+] 좀 더 최근에는 선도적인 경제학자와 심리학자, 그리고 저명한 여러 과학자들과 협력하여 국경과 언어, 문화를 초월해 인류 보편적으로 통용되는 웰빙과 행복의 공통적인 테마들을 조사하기 시작했다.

갤럽은 이런 연구의 일환으로 150개 이상의 나라를 대상으로 웰빙에 대한 종합적인 연구를 진행하여 왔는데, 이는 전 세계 인구의 98% 이상 해당하는 사람들의 웰빙, 행복 수준을 자세히 들여다볼 수 있는 렌즈를 제공해주었다. 아시아의 아프가니스탄에서 아프리카 짐바브웨에 이르기까지 전 세계를 두루 돌며 갤럽연구진은 건강과 부, 인간관계, 직업, 커뮤니티 등에 관한 수백 가지 질문을 만들어 사람들에게 던졌다. 그러고 나서 그들이 일상을 어떻게 생활하고 있으며, 또 그들이 자신의 삶에 대하여 전체적으로 어떤 평가를 내리고 있는지 조사했다. 그리고 각 결과물을 서로 비교해보았다.[+]

우리는 연구 초기에 '당신이 실현 가능하다고 생각하는 최고의 미래는 무엇일 것 같습니까?'라는 질문을 던졌다. 이 질문을 통해 우리가 알아낸 사실이 있다. 바로 사람들이 자신의 인생을 평가할 때 종종 소득과 건강에 너무 많은 비중을 둔다는 점이다. 우리의 질문을 받은 사람들은 공통적으로 두 가지 요소에 많은 관심을 갖고 있었다. 바로 '건강'과 '부'였다. 아마도 그 이유는 이 요소들이 시간이 흘러도 측정과 추적이 쉬운 것들이기 때문일 것이다. 우리는 키와 몸무게, 혈압, 가구의 소득 등을 모니터할 수 있다. 하지만 직업의 질이나 인간관계의 건전성을 측정할 만한 표준화된 방법은 없다.

개개인의 웰빙에 대한 종합적인 측정기법을 고안하기 위하여 갤럽은 지난 50년에 걸쳐 진행해온 최고의 질문들로 만들어진 평가지를 사용했다. 우리는 '웰빙 파인더(Wellbeing Finder)'라는 명칭을 붙인 이 평가지를 만들기 위해 국경과 언어, 그리고 각종 다양한 상황 전체에 걸쳐 수백 가지 질문을 테스트해보았다.[+]

이 같은 리서치 작업을 완료하는 단계에 이르자 통계적으로 사용할 수 있는 다섯 가지 웰빙 테마가 분명하게 드러났다. 이 테마들은 웰빙 생활을 위한 보편적 요소이며, 힘겨운 인생과 풍요로운 인생을 구분해주는 요인으로 작용한다. 그리고 우리가 인생에서 '나름의 의지를 발휘해 무언가 조치를 취할 수 있는' 힌트를 알려주기도 한다. 이처럼 다섯 가지 웰빙 테마는 우리가 연구했던 모든 상황의 사람들에게, 또 그렇지 않은 사람들에게도 중요한 영향을 미친다.

웰빙을 좌우하는 다섯 가지 테마

갤럽의 연구를 통해 밝혀진 아래의 다섯 가지 테마들은 어느 누구에게나 두루 적용할 수 있는 보편성을 지닌다. 인생에서 중요한 것이 무엇인지에 대한 미묘한 차이까지 여기에 모두 포함되어 있지는 않으나, 이들 테마는 대부분의 사람들에게 결정적으로 중요한 다섯 가지 폭넓은 카테고리를 잘 드러내어 보여준다.

첫 번째 테마는 자신에게 주어진 시간을 어떻게 채워나가고 있는지, 쉽게 말하자면 내가 매일 하고 있는 일을 얼마나 좋아하는지에 관한 것이다. 이것이 직업적 웰빙(Career Wellbeing)[+]이다.

두 번째 테마는 강력하면서도 끈끈한 인간관계에 관한 것인데, 사랑하는 이들이 우리 곁에 있는지와 관련 있는 테마다. 이것은 사회적 웰빙(Social Wellbeing)[+]으로 이름 붙일 수 있다.

세 번째 테마는 재정 상태를 효과적으로 관리하는 것에 관한 것으로서 이를 경제적 웰빙(Financial Wellbeing)+이라고 칭한다.

네 번째 테마는 훌륭한 건강 상태와 일상적 일들을 제대로 수행하도록 해주는 충분한 에너지를 갖고 있는가와 관계가 있다. 즉 육체적 웰빙(Physical Wellbeing)+이다.

마지막 다섯 번째 테마는 현재 살고 있는 지역에 대한 참여의식에 관한 것으로서 이것이 커뮤니티 웰빙(Community Wellbeing)+이다.

조사결과 66%의 사람들이 이런 영역들 중 최소 한 가지에서는 나름대로 잘 하고 있지만, '다섯 가지 모든 영역에서 만족할 만한 수준의 삶, 즉 풍성하고 행복한 삶을 영위하며 사는 사람은 겨우 7% 정도에 머물렀다.' 우리들 대부분이 그렇듯이 위에서 소개한 다섯 가지 주요 웰빙 영역 중 어느 하나에서 어려움을 겪고 있을 경우, 웰빙 수준이 훼손되고 일상이 소진될 가능성이 높다. 물론 이들 영역 중 어느 한 가지만이라도 웰빙을 강화한다면 더 나은 하루, 한 달, 그리고 10년을 보내게 될 수 있다. 하지만 이들 다섯 가지 모든 영역에서 골고루 일정 수준의 삶을 살아야만 진정한 웰빙이라고 말할 수 있다. 만약 그렇지 않다면 우리는 인생에서 많은 것들을 잃은 채 살아가는 것과 같다.

이들 요소는 종교와 문화, 그리고 국적을 초월해 보편적으로 적용되는 것이다. 하지만 사람들은 웰빙 수준을 높이는 데 서로 다른 방식들을 선택한다. 그 중에서도 많은 이들을 이끌어주는 것이 영적인 부분이다. 그들에게 종교는 인생의 가장 중요한 주제가 된다. 사실 종교는 사람들이 일상적으로 기울이는 노력의 기초가 되기도 한다. 어떤 이들에게는 환경보호와 같은 심오한 미션이 매일같이 영감을 불러일으켜주는 테마다. 이렇듯 동기를 부여하는 요인들은 사람마다 각기 다르지만 그 결과는 크게 다르지 않다.

직업적, 사회적, 경제적, 육체적, 커뮤니티 웰빙을 구가하도록 만들어줄 방법은 많다. 이처럼 중차대한 요소들은 우리의 통제권 안에 있기 때문에, 우리에게는 이들 요소를 향상시킬 능력이 있다(예컨대 매일 거르지 않고 운동하기, 친구들과 많은 시간을 함께 보내기, 돈을 지혜롭게 사용하기 등). 하지만 막상 웰빙에 가장 큰 위협을 가하는 유일한 요소가 있다. 다름 아닌 '우리 자신'이다. 그런데도 사람들은 별 생각 없이 단기적 욕구를 앞세워 장기적 웰빙을 헤치곤 한다.

우리는 왜 눈앞의 욕구에 무너질까?

몸을 움직이는 활동이 건강에 좋다는 점에 대해서는 모든 이들이 동의한다. 그러나 사람들은 이런 사실을 익히 잘 알고 있으면서도 운동을 건너뛰기 일쑤다. 운동 한 번 빼먹는다고 갑자기 심장마비나 뇌졸중에 걸리지는 않을 것이다.—그래서 우리는 하루쯤은 마음 푹 놓고 운동을 건너뛴다.

또한 너무 많은 당분과 기름에 튀긴 음식을 섭취하는 일이 건강에 나쁘다는 것 또한 우리는 잘 알고 있다. 하지만 별 생각 없이 한 줌의 사탕이나 감자튀김을 집어 든다. 감자튀김 하나 먹는다고 해서 당장 당뇨병에 걸리거나 비만이 되는 건 아니지 않은가?

마찬가지로 우리는 친구 또는 가족과 좋은 시간을 보내는 일이 중요하다는 사실을 너무나 잘 알지만, 업무가 과도하게 밀려들면 그들에게 안부 인사를 건넬 짬조차 내지 못한다.

경제적 상황에 대해 생각할 때에도 우리는 종종 저축보다는 소비 쪽으로 마음이 기울곤 한다. 은퇴연금에 자금을 투자한다면 향후 본래 가치보다 몇 배나 큰 수익이 되돌아오는데도, 지금 당장 우리의 마음을 훨씬 더 잡아끄는 것은 원하는 물건을 망설임 없이 구매하는 일이다.

매순간 우리에게 만족감을 제공하는 수많은 선택사항 속에서 장기적으로 올바른 결정을 내리기란 쉽지 않은 일이다. 결국 바로 눈앞에 보이는 만족감을 안겨주는 일들을 선택하는 행동은 인간 본연의 특성일 것이다. 이와 같은 성향은 기본적인 생존을 위해 우리 DNA에 깊숙이 박혀 있다. 심리학자들은 수십 년 동안 아이에서 성인으로 성장하는 인간의 발달에 대한 잣대로 당장의 만족감을 참고 유예해두는 능력이 어느 정도인지를 활용하여 왔다.

그러나 현실적으로 많은 사람들이 아름다운 몸매와 장수를 원하는 장기적 시야의 자아(long-term self)를 거스르고 단기적 시야의 자아(short-term self)에 이끌려 디저트 접시에 손을 가져다 댄다. 예컨대 우리가 2만 3,000명 이상의 사람들에게 구매 습관에 대해 질문을 던졌을 때, 겨우 10% 정도의 사람들만 '사탕을 정기적으로 구매하는 편'이라고 대답했다. 그러나 잠시 후 동일한 집단을 대상으로 실시한 설문조사에서 '바로 당신의 눈앞에 사탕바구니가 놓여 있다면 그것을 먹겠느냐?' 하고 질문을 던지자 70% 이상의 응답자가 그럴 것이라고 대답했다.[+]

단기적 욕구가 승리를 거두도록 허용하는 한, 장기적 행동 변화를 기대하기는 힘들 것이다. 그러나 우리는 가장 높은 수준의 웰빙 생활을 누리고 있는 사람들에게서 이 문제에 대한 간단한 해법이 있다는 사실을 알게 되었다. 그 해결책이 바로, '장기적 목표와 일치하는 단기적 인센티브를' 찾는 것이다. 그렇게만 할 수 있다면 매순간 올바른 결정을 내리기가 훨씬 수월해진다.

예를 들어 사람들은 비만이나 당뇨병에 걸리게 될 장기적 위험에 대하여 곰곰이 생각할 때가 아니라, 기름진 음식을 마구 먹음으로써 그 뒤에 그날 하루를 망쳐놓는 '더부룩함'을 겪게 되리라는 단기적 현실을 고려할 때 치즈버거와 감자튀김을 멀리 할 가능성이 더 높다. 또는 단 20분 동안의 운동으로 다음 12시간 동안 기분이 한결 나아질 수 있다는 점을 알기에 우리는 다음 날 아침 일찍 일어나 운동을 하기로 결정할 수도 있을 것이다.[+] 이렇듯 보상이 너무 먼 곳에 있지 않다는 사실을 깨닫게 될 때, 우리는 '매순간' 우리의 행동을 바꿀 가능성이 높아진다. 이것이 우리의 일상적인 행동을 장기적 이익에 맞춰 조정해준다. 따라서 하루 종일 활력 있는 생활을 하고 싶다는 생각은(단기적 인센티브) 매일 아침 20분씩의 운동으로 인도하고(그 시점에 내리는 더 나은 결정), 이것이 결과적으로는 만성적인 건강의 문제들을 피하도록 해준다(장기적 목표).

이 책의 본문을 통해 구체적으로 논의하겠지만, 이와 같은 '긍정적인 디폴트(positive defaults)'를 설정해두고서 우리 일상에 작은 변화라도 만들어가는 결정은 웰빙 생활의 질과 수준을 높여준다. 아울러 장기적으로 볼 때 행복이 오랫동안 지속되도록 주요한 영향력을 발휘한다.

웰빙의 수준을 높여라

지금부터 독자들은 위에서 소개한 다섯 가지 웰빙 테마에서 놀라울 정도로 웰빙을 구가하고 있는 인터뷰 대상자들을 살펴보게 될 것이다. 그들은 우리가 수집한 모든 데이터베이스를 고려할 때 가장 높은 수준의 웰빙을 누리고 있었다. 웰빙을 한껏 누리는 사람들로부터 알아냈듯이, 다섯 가지 영역 중 어느 한 가지라도 웰빙을 향상시키고자 하는 일에는 노력과 책임이 뒤따른다. 우리는 이 책을 읽은 여러분이 앞으로 삶을 살아가면서 수준 높은 웰빙을 누리려면 어떤 것들에 관심을 갖고 실천해야 좋을지에 대한 전체적인 시각을 갖게 되리라고 믿는다. 이것은 여러분에게 주어진 삶을 하루하루 즐길 수 있도록 해주고, 인생을 살면서 더 많은 것들을 얻도록 해줄 것이다. 그리고 어쩌면—가장 중요하게도— 여러분의 친구와 가족, 동료와 지역사회에 있는 주변 사람들의 웰빙과 행복 수준까지도 높여줄 수 있을 것이다.

서문 Reference

Pro logue

16 갤럽의 연구진은 20세기 중반부터 웰빙 생활에 필요한 요소들을 집중적으로 연구해왔다.
: Gallup, G., & Hill, E. (1960). *The secrets of a long life*. New York: Bernard Geis.

16 그러고 나서 그들이 일상을 어떻게 생활하고 있으며, 또 그들이 자신의 삶에 대하여 전체적으로 어떤 평가를 내리고 있는지 조사했다. 그리고 각 결과물을 서로 비교해보았다.
: 갤럽은 지난 50년간 150개 이상 나라에서 해마다 임의로 선정한 1,000명의 시민들과 인터뷰를 실시했다(모두 합쳐 총 500만 명이 넘는다). 질문의 핵심은 식생활, 상하수도, 주거 등 삶의 기본적인 측면에서부터 자기 역량에 맞는 직업을 갖고 있는지 그리고 공동체에 참여하는 수준이 어느 정도인지와 같은 고차원적 니즈까지 아우르는 내

용이었다. 전 세계적인 비교평가를 위하여 조사를 실시한 모든 나라들에서 동일한 질문지와 방법론을 사용했다.

17 우리는 '웰빙 파인더(Wellbeing Finder)'라는 명칭을 붙인 이 평가지를 만들기 위해 국경과 언어, 그리고 각종 다양한 상황 전체에 걸쳐 수백 가지 질문을 테스트해보았다.
: 농민, 도시 거주자, 정규직 노동자, 퇴직자, 학생, 건강이 좋은 사람과 그렇지 못한 사람, 소득 수준이 각기 다른 사람들, 기혼자와 이혼한 사람 및 사별한 사람들이 조사에 포함되었다.

18 **직업적 웰빙**(Career Wellbeing)
: 직업적 웰빙은 생계를 위해 종사하는 직업이나 소명의식에 관한 것이다. 우리가 잘 아는 일자리뿐만 아니라 학생, 은퇴자, 가정주부 및 기타 사람들까지 아우르는지 확인하는 작업을 마친 자료를 활용했다.

18 **사회적 웰빙**(Social Wellbeing)
: 우리는 이 항목을 엄밀하고 철저하게 테스트하기 위해

기혼자, 별거 중인 사람, 이혼한 사람, 사별한 사람, 미혼자, 동거 중인 사람 등등 충분히 많은 이들을 설문에 포함했다.

19 **경제적 웰빙**(Financial Wellbeing)
: 이 카테고리 내에 있는 질문들이 저소득층과 중산층, 고소득층에 적절한지의 여부를 확인하고자 다양한 소득집단에 걸쳐 그 질문항목들을 테스트했다.

19 **육체적 웰빙**(Physical Wellbeing)
: 다양한 신체적 여건에 처한 전 세계 사람들에게 두루 적용될 만한 질문들을 찾아내고자 젊은이, 노인, 건강한 자와 그렇지 못한 사람을 연구대상으로 삼았다.

19 **커뮤니티 웰빙**(Community Wellbeing)
: 이 카테고리에 속한 질문들이 도심지 한복판이나 외떨어진 농촌에 살고 있는 사람에게도 적용되는지 확인하고자 도시와 교외, 시골에 살고 있는 사람들을 모두 연구대상으로 삼았다.

22　　그러나 나중에 동일한 집단을 대상으로 실시한 설문조사에서 '바로 당신의 눈앞에 사탕바구니가 놓여 있다면 그것을 먹겠느냐?' 하고 질문을 던지자 70% 이상의 응답자가 그럴 것이라고 대답했다.
: 갤럽연구진은 이에 관한 연구를 위해 2009년 8월 2만 3,449명의 사람들과 인터뷰했다.

23　　또는 단 20분 동안의 운동으로 다음 12시간 동안 기분이 한결 나아질 수 있다는 점을 알기에 우리는 다음 날 아침 일찍 일어나 운동을 하기로 결정할 수도 있을 것이다.
: Sibold, J. S., & Berg, K.(2009, May 29). 에어로빅 운동을 하고 난 뒤에 한층 좋아진 기분은 최장 12시간까지 지속된다. 이에 관한 연구결과는 시애틀에서 열린 미국 스포츠의학회(American College of Sports Medicine)의 연례회의에서 발표되었다.

WELLBEING FINDER

Career Wellbeing

Community Wellbeing

Chapter 1
직업적 웰빙
Career Wellbeing

◆ ◆ ◆

직장에 있는 동안 자신의 일에 몰입한 사람들의 경우 하루 종일 행복 지수와 흥미도가 그렇지 않은 사람들보다 확연히 높았다. 반면 스트레스 지수는 일에 몰입하지 않는 사람들에게서 훨씬 더 높게 나타났다. 가장 주목할 만한 사실은 일과시간이 끝을 향해 갈수록 몰입되지 않은 근로자들의 스트레스 지수는 낮아짐과 동시에 행복 지수가 증가했다는 점이다. 전 세계 많은 이들이 일은 즐길 만한 대상이 '아니다'라는 전제하에 살아간다. 근본적인 결함을 지닌 이런 인식은 우리 사회와 경제 모델 곳곳에 침투해 있다. 그 결과 사람들은 일간 및 주간 업무 시간을 최소한으로 줄이기 위해 갖은 애를 쓰고 있으며 가능한 한 빨리 은퇴하려고 노력한다. 그러나 역설적이게도, '은퇴 연령'이 가까워지면 그들은 아무 일도 하지 않고 지내는 삶이 얼마나 무료할지를 깨닫는다.

◆ ◆ ◆

Career Wellbeing
자신의 일에 열정과 비전을 가져라!

"**날마다** 해야 하는 당신의 일을 좋아하는가?"

위의 질문은 웰빙에 대해 스스로에게 물어볼 수 있는 가장 기본적이면서도 중요한 것이라고 볼 수 있다. 그러나—우리의 조사결과에 따르면,— 겨우 20% 정도의 사람들만 위의 질문에 대하여 강한 '긍정'의 대답을 할 수 있을 것이다.[+]

기본적으로 사람들은 매일 아침 눈을 떠 자리에서 일어나면 자신이 그날 해야 할 어떤 일이 있게 마련이다. 기왕이면 아침에 저절로 눈이 확 떠질 만한 일이라면 이상적일 것이다. 여러분이 학생이든, 부모든, 자원봉사자든, 은퇴자든 또는 평범한 직장인이든 상관없이 매일 무엇을 하면서 시간을 보내는지가 여러분의 정체성을 형성한다.

대부분의 사람들은 주중에 각자 속해 있는 일터에서 일하며 많은 시간을 보낸다. 사람들이 처음 만나서 서로에게 묻는 인사도 "무슨 일을 하세요?"라는 질문이다. 이 질문에 대한 답이 당신에게 성취감을 주고 의미 있는 것이라면, 당신은 직업적 웰빙 측면에서 강한 자부심을 지니고 있을 가능성이 높다.

사람들은 대체로 웰빙의 수준을 가늠할 때 직업이 미치는 영향력을 과소평가한다. 물론 논쟁의 여지는 있지만 직업적 웰빙은 다섯 가지 요소 가운데에서 가장 중요하다고 볼 수 있다. 만약 즐길 만한 일을 정기적으로 할 기회가 없다면 다른 영역에서도 높은 수준의 웰빙을 누릴 가능성이 급격히 줄어든다. 직업적 웰빙이 높은 사람들의 경우 인생 전반적으로 만족감을 누릴 확률이 그렇지 않은 사람들보다 2배 이상 높다.+

대인관계가 원만한 것, 안정적인 경제적 상황, 훌륭한 건강 상태 역시 중요하지만 막상 여러분이 매일 하고 있는 일이 마음에 안 든다고 상상해보라. 이 경우 아마도 당신은 사회생활 대부분의 시간을 직업에 대한 걱정과 불평불만을 토로하면서 보내게 될 수도 있다. 이와 같은 상황은 육체적 건강에 심각한 문제를 일으키는 스트레스를 유발한다. 만약 여러분의 직업적 웰빙 수준이 낮다면, 시간이 흐를수록 그것이 다른 영역을 어떻게 망가뜨리는지 쉽게 확인할 수 있을 것이다.

정체성을 잃어버리는 순간

직업이 우리의 정체성과 웰빙에 얼마나 많은 영향을 미치는지 확인하기 위한 가정이 있다. 즉, 직업을 잃거나 1년 내내 실업 상태로 지낸다면 무슨 일이 일어날지 생각해보는 것이다. 〈이코노믹 저널(Economic Journal)〉에 게재된 주목할 만한 한 연구에 따르면, 실업 상태는 5년이 지나도 완벽히 회복되지 않는 일생일대의 유일한 주요 사건일 수 있다. 몇 십 년간 13만 명의 사람들을 추적, 조사한 이 연구를 통해 연구진은 해당 기간 동안 결혼이나 이혼, 출산, 배우자의 사망과 같은 인생의 주요 사건들이 삶의 만족도에 어떤 영향을 미치는지 살펴볼 수 있었다.[+] 이 연구에서 밝혀진 다소 고무적인 사실은 배우자의 사망과 같은 최악의 비극적인 사건을 겪었더라도 몇 년이 흐른 후에는 배우자가 세상을 떠나기 전과 동일한 정도의 웰빙 수준을 회복한다는 점이다. 그러나 장기간 실업 상태에 놓여 있었던 사람의 경우에는 상황이 달랐다. '실제로 웰빙의 회복 속도를 살펴보면, 장기간 지속된 실업 상태일 때보다 배우자 사망한 경우 그 속도가 더 빠르다.'

그렇다고 해서 해고를 당하는 일이 웰빙을 영원히 손상한다는 의미는 아니다. 동일한 연구를 살펴보면 1년 전에 해고를 당

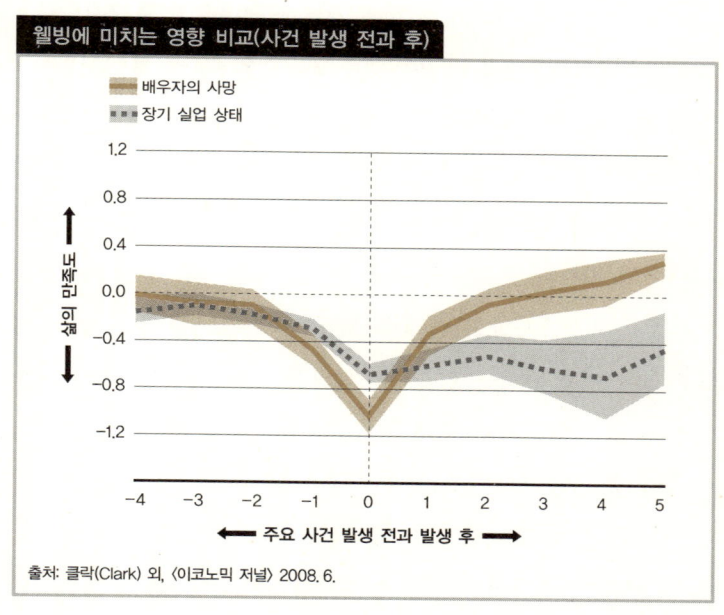

한 상황이 장기적으로 중대한 변화를 초래하지는 않았다는 점을 알 수 있다. 여기에서 핵심은, 적극적으로 구직활동을 하고는 있지만 일자리를 쉽사리 찾을 수 없을 경우라도 장기간 지속되는 실업(1년 이상)은 피해야 한다는 점이다. 장기간 실업 상태로 인한 소득의 명백한 감소뿐만 아니라, 사회와의 정기적인 접촉 부재와 무료한 일상 역시 웰빙에 분명 해로운 영향을 미칠 수 있다.

직업적 웰빙을 충만하게 영위하기 위해 반드시 돈을 벌어야 하는 것은 아니다. 하지만 즐겁게 할 수 있는 어떤 일을 찾아나설 필요는 있다. 기왕이면 그 일을 매일 할 수 있는 기회까지 확보하는 것이 좋다. 그 일이 사무실에서 업무를 보는 것이든, 자원봉사를 하는 것이든, 자녀를 양육하는 것이든, 사업을 시작하는 것이든, 어쨌든 가장 중요한 점은 당신이 선택한 그 일에 몰입할 수 있어야 한다는 사실이다.

왜 수업 종료종이 울리기만을 기다리는가?

학창시절, 흥미가 없는 수업을 들으며 교실에 앉아 있

던 때를 떠올려보자. 아마도 당신은 시계바늘만 뚫어져라 쳐다보고 있거나 멍하니 허공만 바라보고 있었을 것이다. 그리고 어서 빨리 종이 울려 책상을 박차고 나갈 수 있기만을 고대하던 기억이 있을 것이다. 전 세계 근로자들의 3분의 2 이상이 업무시간에 이와 비슷한 감정을 경험한다.

 왜 이토록 많은 사람들이 업무에 집중하지 못할까? 우리는 그 이유를 알아보기 위하여 168명의 근로자를 모집해 하루 종일 그들의 업무 몰입도와 심박동수, 스트레스 지수 및 다양한 감정들을 관찰했다. 우리는 연구가 시작되기 전에 근로자 각각의 업무 몰입도에 관한 사전 자료를 수집했다. 그리고 대체로 업무에 몰입해 있는 근로자와 그렇지 않은 근로자의 차이점들을 조사해보았다. 실험이 진행되는 동안 참가자들은 몸에 소형 기기를 달고 지냈는데, 그 기계는 피실험자들이 무엇을 하고 있으며 누구와 함께 있는지, 그리고 그들의 기분에 관한 몇몇 질문들을 우리가 물을 때 피실험자들에게 신호를 보내기 위한 장치였다.[+]

 또한 우리는 각각의 참가자들에게 소형 심박동수측정기를 부착하도록 요청했다. 그리고 하루 일과가 끝나는 시점이 되면 피실험자의 가슴에 스티커처럼 붙어 있던 측정기들이 컴퓨터로

자료를 전송하도록 해놓았다. 이 자료를 통해 우리는 심박동수의 변화와 그날 하루 종일 있었던 다양한 사건들과의 관계를 연구할 수 있었다.

하룻동안의 스트레스 지수를 측정하기 위해 타액 샘플도 활용했다. 소형 기기가 울리고 전자일지에 해당 사항을 기록할 때마다 참가자들에게 작은 원통에 침을 뱉도록 했다. 타액 속에 포함된 스트레스 호르몬 코티솔을 통해 하루 동안 다양한 시점의 스트레스 지수에 대한 직접적인 생리학적 수치를 제공받을 수 있었다.

이 모든 자료들을 취합하여 검토해본 결과, 직장에 있는 동안 업무에 몰입된 사람들은 그렇지 않은 사람들과 '완전히 다른 경험'을 한다는 점이 분명하게 드러났다. 자신의 일에 몰입한 사람들의 경우 하루 종일 행복 지수와 흥미도가 그렇지 않은 사람들보다 확연히 높았다. 반면 스트레스 지수는 일에 몰입하지 않는 사람들에게서 훨씬 더 높게 나타났다.

가장 주목할 만한 사실은 일과시간이 끝을 향해갈수록 몰입되지 않은 근로자들의 스트레스 지수는 낮아짐과 동시에 행복 지수가 증가했다는 점이다. 다음의 그래프에서 볼 수 있듯이 몰입도가 낮고 직업적 웰빙이 저조한 사람들은 그저 업무시간이

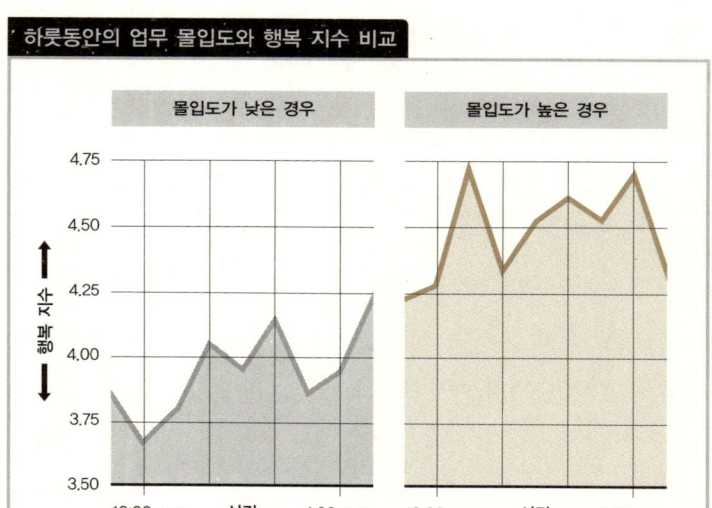

끝나기만을 기다리고 있었다.

주말처럼 즐거운 주중시간을 보내려면?

　　　동일한 연구의 일환으로 우리는 근무일과 휴일 사이에 경험하는 차이점을 조사해보았다. 연구결과, 업무에 몰입해 있는 근로자들은 근무일과 휴일에 행복 지수가 비슷하게 나타났으며 직장에 있을 때 스트레스 지수가 아주 약간 증가했지만 흥미도 역시 증가하는 모습을 보였다. 하지만 몰입되지 않은 근로자들은 일하는 동안 행복 지수와 흥미도가 급격히 하락했고 상대적으로 스트레스 지수는 크게 증가했다.

업무에 몰입한 사람들이라도 주말보다 근무일에 약간 더 많은 스트레스를 받겠지만, 그 정도 스트레스는 직장에 있는 동안 경험하는 일반적인 수준의 행복감과 훨씬 더 증가한 흥미도에 의해 상쇄된다. 하지만 몰입되지 않은 근로자들은 주말을 위해 한 주를 버티고 주중 시간을 끔찍이 두려워한다. 따라서 직업적 웰빙이 충만할 경우 당신은 훌륭한 주말과 그에 못지않게 즐거운 주중을 보낼 수 있으며, 직장에 있는 시간도 업무를 떠나 있는 시간만큼이나 충분히 즐겁게 즐길 수 있다.†

충만한 직업적 웰빙을 누리고 있는 건축기술자 제이(Jay)의 사례에서 알 수 있듯이, 당신이 매일 하는 일을 즐기는 것은 너무나 중요하다. 다른 많은 사람들처럼 제이도 경력을 쌓아나가는 동안 여러 일자리를 거쳤고 때때로 짜증을 불러일으키는 사내 정치도 겪었다. 하지만 그는 건축공학 프로젝트를 관리하는 일에 대한 열정으로 그 모든 어려움을 극복해냈다. 이런 열정과 흥미 덕분에 제이는 높은 직업적 웰빙을 유지할 수 있었다.

제이에게 무엇이 가장 흥미로운지를 물었더니, 그는 '일이 돌아가는 과정을 배워나가는 게 얼마나 재미있는지 모른다'고 대답했다. 그는 바닥재의 두께와 공간 배치, 벽의 높이에 맞춰 철제를 결정하는 과정을 즐긴다. 또한 그런 열정을 자신의 집까지 끌어들여 항상 주택을 리모델링하곤 한다. 여가 시간에는 기초적인 건축설계도와 새로운 건축공법을 찾아다닌다. 이것이 바로 충만한 직업적 웰빙을 누리는 사람들에게서 관찰되는 공통점 중 하나다. 즉 그들은 자신의 일과 사생활을 긴밀히 조율해 조화를 이루게 할 수 있을 정도로 그 일을 사랑한다.

불행한 직장생활은 사람을 죽일 수도 있다

즐거운 주말과 끔찍한 주중 사이에 나타나는 극명한 차이는 왜 심장마비 발생 가능성이 월요일에 더 높은지 설명해줄 수 있다.[+] 이것은 일요일에서 월요일로 전환되는 매끄럽지 않은 과정이 신체에 무리를 준다는 것을 시사한다. 앞서 언급한 연구에서 우리는 취합한 타액 샘플들의 코티솔 지수를 바탕으로 생리적 스트레스가 주중부터 주말까지 어떻게 변해가는지 관찰할 수 있었다.

코티솔은 스트레스 호르몬으로, 면역체계를 억제하는 한편 혈압과 혈당을 높인다. 그것은 정상적인 신체 기능에 필수적이며, 우리가 위험에 처하면 혈중 코티솔의 수치가 급등하여 투쟁―도피(fight-or flight) 반응을 촉발시킨다. 그러나 우리는 종종 상황을 실제보다 더 심각하게 인식하곤 한다.

예를 들어 상사가 당신이 해놓은 업무에 흠을 잡거나 신이 나기는커녕 좌절감만 안겨주는 업무를 수행하고 있을 경우, 코티솔 수치는 빠르게 증가한다. 과도하게 분비된 코티솔이 신경계에 흐르면 혈액이 정맥을 통해 급격히 움직이기 시작한다. 그러면 심박동수가 올라가면서 호흡이 빨라지기 시작한다. 이와 같은 현상은 체내에서 느껴지는 것이고 외부적으로는 동공이 확장되고 이마에 땀이 송골송골 맺히기 시작한다.

이런 투쟁―도피 반응의 활성화는 실제로 다급한 상황일 때 우리에게 도움이 되지만 교통체증을 겪고 있거나 또는 업무 중 격렬한 회의가 진행되는 동안에는 별 도움이 되지 않는다. 위의 두 가지는 사느냐 죽느냐가 달린 상황이 아니지만 우리 뇌는 그 차이를 인지하지 못한다. 그래서 1주일 중 스트레스가 가장 덜

한 즐거운 일요일을 모두 보내고 몰입도가 낮은 일터로 복귀하는 월요일 아침, 이처럼 급격한 전환을 거치는 과정에서 우리 몸이 손상을 입을 수 있다.[+]

업무와 뇌의 움직임, 혈액순환의 관계

직업적 웰빙의 증진은 불안감과 우울증에 걸릴 위험도 낮춰줄 수 있다.[+] 2008년 우리는 정기적으로 연구진과 접촉하기로 동의한 많은 직장인들 중 무작위로 패널을 선정하여 연구를 진행했다. 우리는 그들의 업무 몰입도 수준을 측정하고 실험 전 우울증 진단을 받은 경험이 있는지 물어보았다. 그런 뒤에 우울증 진단을 받은 적이 있다고 응답한 사람들을 분석에서 제외시켰다. 2009년에 우리는 남아 있는 패널들에게 연락을 취해 지난 한햇동안 우울증 진단을 받은 경험이 있는지 다시 물어보았다.[+]

그 결과 실험에 참가한 패널(2008년 시점까지 우울증 병력이 전혀 없었던 사람들) 가운데 5%의 사람들이 우울증 진단을 받았다고 응답했다. 게다가 2008년 당시 직업 몰입도가 특히 낮았던 사람들은 다음 한햇동안 우울증 진단을 받을 확률이 거의 2배나 높게 나타났다.+ 우울증을 유발시키는 요인은 많이 있지만, 직장에서의 낮은 몰입도 역시 우울증을 야기하는 주요 요인 될 수 있다는 사실을 알 수 있다.

한 가지 놀라운 사실은, 직장인들이 업무에 많이 몰입할수록 육체적 건강도 동시에 향상될 수 있다는 점이다. 또 다른 연구에서 우리는 업무 몰입도의 변화와 콜레스테롤 및 트리글리세리드 수치의 변화 사이에 어떤 관계가 있는지 조사해보기로 했다. 이를 위해 2년 동안 직장인들을 추적, 조사했다.+ 우리는 6개월마다 한 번씩 그들의 업무 몰입도를 조사했고, 매년 혈액 샘플을 채취해 콜레스테롤과 트리글리세리드 수치를 측정했다.

자료를 분석해본 결과, 업무 몰입도가 높은 사람들의 경우 총 콜레스테롤과 트리글리세리드 수치가 현격히 낮았다. 그리고 업무 몰입도의 정도가 낮은 사람들은 콜레스테롤과 트리글리세리드의 총 수치가 높게 나타났다.+ 이 결과는 우리가 일터에서 하는 경험이 육체적 건강에 직접적인 영향을 미칠 수도 있다는 놀라운 사실을 시사해 준다. 직업적 웰빙의 증진은 오래도록 훌륭한 건강상태를 유지하기 위해 고려해야 할 가장 중차대한 요소들 중 하나일 수 있다.

좋은 상사는 훌륭한 의사만큼 중요하다

행동과학자들과 경제학자들 사이에 사람들이 시간을 보내는 방식에 대한 관심이 차츰 높아지고 있는 추세다. 시간 사용에 관한 연구는 사람들이 시간을 어떻게 보내고, 그 시간을 누구와 함께 보내며, 하루 중 여러 순간마다 그들이 어떤 기분을 느끼는지에 관한 중요한 데이터를 제공해준다.[+] 이 연구를 통해 밝혀진 중요한 사실 가운데 하나는 함께 있기가 제일 부담스러운 사람이 직장상사라는 점이다.[+]

친구부터 친척, 직장동료, 자녀에 이르기까지 사람들이 속한 모든 카테고리 중에서 실험 대상자들은 직장상사와 보냈던 시간을 하루 중 최악의 시간으로 꼽았다. 심지어 하루 중 수행하는 특정 활동을 기준으로 비교해보았을 때에도, 상사와 함께한 시간이 허드렛일이나 가사일을 하면서 보낸 시간보다 더 나빴던 것으로 나타났다. 이는 스웨덴에서 진행한 조사를 어느 정도 설명해줄 수 있는 결과로, 스웨덴에서 3,000명 이상의 직장인을 대상으로 실시한 한 연구에 따르면 주변인들 중 가장 불만족스러운 사람이 상사라고 생각하는 사람들의 경우 심각한 심장질환에 걸릴 위험이

24%나 더 높다는 결과가 나왔다.+ 그리고 그런 상사와 4년 이상 함께 일한 경험이 있는 사람들은 그 위험이 39%나 더 높았다.

우리가 지금까지 조사해온 근로자들 중 업무 몰입도가 가장 낮았던 집단은 직장상사가 직원들에게 관심을 잘 기울이지 않는 경우가 많았다. 상사가 당신을 무시할 경우 일부러 업무에 몰두하지 않거나 직업에 대한 부정적인 감정에 휩싸일 가능성이 40%다. 상사가 최소한의 관심을 기울인다면 비록 그 관심이 당신의 약점에 초점을 맞춘 것이라 해도, 의도적으로 업무에 몰두하지 않을 가능성은 22%로 낮아진다. 하지만 상사가 주로 부하직원의 강점에 관심을 가져줄 경우에는 일부러 업무에 몰두하지 않게 될 확률이 고작 1%, 즉 100분의 1 수준이다.+

물론 우리 대부분은 직장상사를 마음대로 선택할 자유가 없지만, 이런 관계의 영향력에 관심 갖고 주의를 기울일 필요가 있다. 하지만 종종 우리는 직장상사와의 관계가 업무 몰입도와 육체적 건강 및 전반적인 웰빙에 미치는 근본적인 영향력을 간과한다. 직업적 웰빙 측면에서 고전을 겪고 있는 한 실험 참가자는 자신의 상황을 다음과 같이 토로했다.

"제가 업무상의 문제점을 찾아내거나 어떤 사안을 팀장님께 가져가면 아무도 제 말을 듣지 않아요. 그리고 나면 그 업무 성과가 영 엉망으로 나오죠. 이건 정말 사람을 지치게 만들어요. 저는 정말 업무를 훌륭히 해내고 싶거든요. 당신이 어떤 문제를 가지고 팀장을 찾아갔는데, 그 사람이 말을 들어주지 않거나 아무런 신경도 쓰지 않는다면, 아마 당신도 그 문제에 더 이상 신경 쓰지 않게 될 겁니다."

여기서 알 수 있는 분명한 사실이 있다. 만약 새로운 일자리를 찾고 있는 중이라면 직책이나 복리후생, 회사의 명성이나 연봉을 신경 쓰는 것만큼이나 누가 직장상사가 될 것인지에 대해서도 충분히 고려해야 한다는 점이다.

강점을 적극 활용하라

전 세계 많은 이들이 일은 즐길 만한 대상이 '아니다'라는 전제하에 살아간다. 근본적인 결함을 지닌 이런 인식은 우리 사회와 경제 모델 곳곳에 침투해 있다. 그 결과 사람들은 일간 및 주간 업무 시간을 최소한으로 줄이기 위해 갖은 애를 쓰고 있으며 가능한 한 빨리 은퇴하려고 노력한다. 그러나 역설적이게도, '은퇴 연령'이 가까워지면 그들은 아무 일도 하지 않고 지내는 삶이 얼마나 무료할지 깨닫는다. 한 연구에 따르면 50대에 접어든 사람들의 약 3분의 2가 계속해서 일하고 싶어 하는 것으로 나타났다.+

1958년 고(故) 조지 갤럽(George Gallup)이 실행한 연구를 보면, 수명을 90대까지 연장해주는 주요 요인들 중 하나가 직업적 웰빙이라는 점을 알 수 있다. 이 고전적인 '노인에 관한 연구'의 일환으로, 갤럽은 95세 이상의 미국 노인 수백 명을 대상으로 심층 인터뷰를 진행했다. 1950년대 당시 남성들의 평균 은퇴 연령은 65세에 가까웠지만, 95세가 넘은 남성들은 평균적으로 80세까지 손에서 일을 놓지 않았다. 더욱 주목할 만한 점은, 이들 남성 중 93%가 일에서 엄청난 만족감을 얻고 있다고 보고했으며, 86%는 일을 하는 것이 즐겁다고 응답했다는 점이다.+

일에서 즐거움을 느끼기 위한 핵심 요인들 중 하나는 매일같이 강점을 활용할 기회를 갖는 것이다. 강점을 발휘하고 일상의 작은 성공들을 경험하는 것만으로도 우리는 더 많은 것을 배울 수 있다.+ 가장 잘할 수 있는 일에 관심을 쏟을 수 '없는' 사람들과 비교해볼 때, 강점을 발휘할 기회를 지닌 사람들은 업무에 몰입할 확률이 6배나 더 높고 훌륭한 삶을 살고 있다고 답할 가능성도 3배 이상 높다.+ 갤럽이 확보한 전 세계 데이터에 따르면, 이런 사람들은 직장에서 보내는 주당 40시간을 온전히 즐길 수 있다. 반면에 강점을 발휘할 기회가 주어지지 '않은' 사람들은 매주 20시간의 업무 이후에 완전히 소진되어버린다는 사실을 알 수 있다.+

물론 당신이 좋아하는 일을 하고 있다고 해서 지치거나 스트레스를 받을 리 없다는 말은 절대 아니다.+ 현재 당신이 하고 있는 일이 아무리 즐겁다 해도 어쨌든 주당 60시간 이상 일하는 것은 좋지 않을 수 있다. 하지만 주당 20시간 이상 일을 하고 싶거나 일해야 하는 사람들은 자신의 강점과 맞아떨어지는 일자리를 찾는 게 바람직하다.

직업적 웰빙의 핵심들

직업적 웰빙 수준이 높은 사람들은 아침에 눈을 뜨자마자 그날 할 일에 대한 기대감 때문에 마음 벅찬 하루를 맞이한다. 집안일을 하든, 학교에서 수업을 듣든, 사무실에서 업무를 보든 간에 그들은 매일같이 강점을 활용함으로써 더 나은 삶의 질 향상을 위한 기회가 늘어난다. 직업적 웰빙을 충만하게 누리고 있는 사람들은 심오하고 원대한 인생 목표와 더불어 세부적인 목표들을 이뤄나가기 위한 계획까지 갖고 있다. 대개 그들 곁에는 미래에 대해 열정을 불러일으켜주는 상사나 리더, 그리고 열정을 함께 나눌 친구들이 있다.

직업적 웰빙이 높은 사람들이 일하는 데 과도하게 많은 시간을 할애할 것이라고 생각하기 쉽다. 그러나 사실 그들은 인생을 즐기는 데 '더 많은' 시간을 사용하고, 더욱 원만한 인간관계를 확보하고 있으며, 매일 해야 하는 자신의 일을 아끼고 사랑한다.

직업적 웰빙을 높이기 위한 세 가지 조언

1. 자신의 강점을 매일매일 활용하라.
2. 미션을 공유하고, 성장을 자극해줄 사람을 찾고, 이런 사람과 더 많은 시간을 보내라.
3. 직장에서 즐겁게 어울릴 수 있는 사람이나 팀과 되도록 많은 시간을 보내라.

Chapter 1 Reference

33   그러나 겨우 20% 정도의 사람들만 위의 질문에 대하여 강한 '긍정'의 대답을 할 수 있을 것이다.
: 이 연구를 위해 전 세계적으로 1만 598명과 인터뷰했다. 응답자들의 19%가 "날마다 해야 하는 당신의 일을 좋아하는가?"라는 질문에 강력한 동의를 나타냈다.

34   직업적 웰빙이 높은 사람들의 경우 인생 전반적으로 만족감을 누릴 확률이 그렇지 않은 사람들보다 2배 이상 높다.
: 이에 대한 연구를 위하여 성별, 연령, 소득, 교육 수준을 통제해둔 상황에서 1만 4,366명과 인터뷰했다.

35   몇 십 년간 13만 명의 사람들을 추적, 조사한 이 연구를 통해 연구진은 해당 기간 동안 결혼이나 이혼, 출산, 배우자의 사망과 같은 인생의 주요 사건들이 삶의 만족도에 어떤 영향을 미치는지 살펴볼 수 있었다.

: Clack, A. E., Diener, E., Georgellis, Y., & Lucas, R. E.(2008). Lags and leads in life satisfaction: A test of the baseline hypothesis. *The Economic Journal, 118*(529), F222-F243. 이 논문을 인용해 다시 그린 본문의 그림은 남성과 여성의 데이터를 통합한 것이다. 그러나 본문에서 언급했듯이 실업이 계속 지속될 때 나타나는 장기적인 영향력은 여성보다 남성에게 훨씬 더 강력하게 작용한다.

38   실험이 진행되는 동안 참가자들은 몸에 소형 기기를 달고 지냈는데, 그 기계는 피실험자들이 무엇을 하고 있으며 누구와 함께 있는지, 그리고 그들의 기분에 관한 몇몇 질문들을 우리가 물을 때 피실험자들에게 신호를 보내기 위한 장치였다.
: Stone, A., & Harter, J. K.(2009). *The experience of work: A momentary perspective.* Omaha, NE: Gallup.

41   따라서 직업적 웰빙이 충만할 경우 당신은 훌륭한 주말과 그에 못지않게 즐거운 주중을 보낼 수 있으며, 직장에 있는 시간도 업무를 떠나 있는 시간만큼이나 충분히 즐겁게

즐길 수 있다.

: 우리 연구실은 스토니 브룩 대학(Stony Brook University)과 시라큐스 대학(Syracuse University)에 있었고 이 연구는 아서 스톤 박사(Arthur Stone, Ph. D.)와 레이한 리트처-켈리 박사(Leighann Litcher-Kelly, Ph. D.), 조슈아 스미스 박사(Joshua Smyth, Ph. D.)의 감독하에 이루어졌다. 타액 분석은 목요일, 금요일, 토요일에 하룻동안 임의적으로 6회에 걸쳐(매일 아침, 점심, 저녁에 두 차례씩) 취합되었다. 코티솔의 분비는 일정한 주기를 보이는데, 하루 중 아침에 코티솔 수치가 더 높게 나타난다. 특정 하루의 시간을 통제해놓은 상황에서는 순간순간의 코티솔 수치가 순간적인 스트레스, 행복감, 흥미와 상당히 높은 연관성을 보인다. 스트레스가 높고 행복감과 흥미가 더 낮은 순간에는 코티솔 수치가 더 높게 나타난다. 직원의 몰입도는 갤럽 Q^{12}로 측정되었다. 몰입도가 낮은 직원들로부터 주중 아침에 측정한 코티솔 수치는 몰입도가 높은 직원들에 비해 매우 높게 나타났다. 토요일 아침에 측정한 코티솔 수치는, 몰입도가 높은 직원과 낮은 직원 사이에 아무런 차이를 보이지 않았다.

42 　즐거운 주말과 끔찍한 주중 사이에 나타나는 극명한 차이는 왜 심장마비 발생 가능성이 월요일에 더 높은지 설명해줄 수 있다.
: Witte, D. R., Grobbee, D. E., Bots, M. L., & Hoes, A. W.(2005). A meta-analysis of excess Cardiac Mortality on Monday, European Journal of Epidemiology, 20(5), 401−406.

아래의 표는 갤럽과 헬스웨이스(Healthways)가 매일 추적한 미국 전역의 웰빙에 관한 자료다. 대부분의 사람들은 주중보다 주말과 휴가 기간에 훨씬 더 좋은 지표를 보인다.

주중 Vs. 주말·휴일간 기분의 차이			
하루의 유형	행복과 즐거움을 느끼는 비율	스트레스나 걱정이 많은 비율	행복 : 스트레스 비율
주중	44%	12%	4:1
주말과 휴일	56%	9%	6:1

출처: 갤럽·헬스웨이스 웰빙 지수.

43~44 그래서 1주일 중 스트레스가 가장 덜한 즐거운 일요일을 모두 보내고 몰입도가 낮은 일터로 복귀하는 월요일 아침, 이처럼 급격한 전환을 거치는 과정에서 우리 몸이 손상을 입을 수 있다.

: 월요일에 심장마비의 잠재적 위험을 높이는 것 이외에도, 장기간 지속된 코티솔의 높은 수치는 시간이 흐르면서 훨씬 더 큰 폐해를 가져다 줄 수 있다. 증가한 코티솔은 혈압을 높이고, 면역체계를 약화시키며, 치유를 늦추고, 갑상선 기능을 억제하며, 혈당의 불균형을 초래하고, 골밀도를 낮추고, 두뇌활동에 지장을 줄 수 있다. 주중 내내 스트레스 정도가 높을 경우 여러 신체적 문제에 이를 수 있으며, 특히 직업에 대한 몰입도가 아주 낮은 사람들은 그럴 가능성이 더 크다. 반면 직업에 대한 몰입도가 높은 사람들의 경우, 일에 대한 몰입도가 스트레스와 부정적인 감정을 상쇄해주는 완충장치가 되어준다.

Steptoe, A., Wardle, J., & Marmot, M. (2005). Positive affect and health-related neuroendocrine, cardiovascular, and inflammatory processes. *PNAS, 102*(18), 6508—6512.

Schlotz, W., Hellhammer, J., Schulz, P., & Stone, A. A.(2004). Perceived work overload and chronic worrying predict weekend-weekday differences in cortisol awakening response. *Psychosomatic Medicine, 66*(2), 207−214.

Ebrecht, M., Hextall, J., Kirtley, L. G., Taylor, A., Dyson, M., & Weinman, J.(2004). Perceived Stress and cortisol levels predict speed of wound healing in healthy adult males. *Psychoneuroendocrinology, 29*(6), 798−809.

44 직업적 웰빙의 증진은 불안감과 우울증에 걸릴 위험도 낮춰줄 수 있다.
: Agrawal, S., & Harter, J. K.(2009). 직업에 대한 몰입도는 다음 해에 우울증과 불안감의 변화 정도를 예측해볼 수 있는 지표가 된다. Omaha, NE: Gallup.

44 2009년에 우리는 남아 있는 패널들에게 연락을 취해 지난 한햇동안 우울증 진단을 받은 경험이 있는지 다시 물어보았다.

: 이에 대한 갤럽 패널 연구에서 우리는 9,561명의 사람들과 인터뷰했다.

44~45 게다가 2008년 당시 직업 몰입도가 특히 낮았던 사람들은 다음 한햇동안 우울증 진단을 받을 확률이 거의 2배나 높게 나타났다.
: 우리는 정규직과 임시직 근로자들을 장기적으로 추적하는 연구를 위해 우울증 진단 병력이 전혀 없는 7,993명의 사람들과 인터뷰했고, 2008년부터 2009년까지 그들의 질병 내역을 추적했다. 2009년 3월까지 우울증 진단에 대한 483건의 신규 건수가 보고되었다. 그러고 나서 우리는 2008년에 측정했던 몰입도가 2009년 처음으로 우울증 진단을 받은 사람들에게 어떤 영향을 미쳤는지 알아보았다.

다음 해 동안 우울증 진단을 받게 될 확률	
직업에 몰입되어 있는 경우	4.6%
직업에 몰입되어 있지 않은 경우	6.0%
일부러 직업에 몰입하지 않는 경우	8.8%

45 또 다른 연구에서 우리는 업무 몰입도의 변화와 콜레스테롤 및 트리글리세리드 수치의 변화 사이에 어떤 관계가 있는지 조사해보기로 했다. 이를 위해 2년 동안 직장인들을 추적, 조사했다.
: Harter, J. K., Canedy, J., & Stone, A. (2008). *A longitudinal study of engagement at work and physiologic indicators of health.* 이 논문은 2008년 워싱턴 D.C.에서 열린 '노동과 스트레스 및 건강 컨퍼런스(Work, Stress, and Health Conference)'에서 발표되었다. 이 연구를 위해 2년에 걸쳐 331명의 직장인들을 추적, 조사했다.

45 자료를 분석해본 결과, 업무 몰입도가 높은 사람들의 경우 총 콜레스테롤과 트리글리세리드 수치가 현격히 낮았다. 그리고 업무 몰입도의 정도가 낮은 사람들은 콜레스테롤과 트리글리세리드의 총 수치가 높게 나타났다.
: 이런 패턴은 55세 이상의 직장인들에게서 훨씬 더 분명하게 나타났으며, 이 결과는 건강 기록과 약물 복용, 성별 및 다양한 기타 변수들을 통계적으로 통제해놓은 여건하에서도 그대로 유지되었다.

46   시간 사용에 관한 연구는 사람들이 시간을 어떻게 보내고, 그 시간을 누구와 함께 보내며, 하루 중 여러 순간마다 그들이 어떤 기분을 느끼는지에 관한 중요한 데이터를 제공해준다.

: 이 주제에 대해 더욱 자세히 알고 싶다면 이 책의 부록 '웰빙 수준을 높이는 부가적 방법들' 중 일상적 웰빙을 참고하기 바란다.

Kahneman, D., Krueger, A. B., Schkade, D., Schwarz, N., & Stone, A.(2004). Toward national well-being accounts. *The American Economic Review, 94*(2), 429−434.

Kahneman, D., Krueger, A. B., Schkade, D. A., Schwarz, N., & Stone, A. A.(2004). A Survey method for characterizing daily life experience: The day reconstruction method. *Science, 306*, 1776−1780.

46   이 연구를 통해 밝혀진 중요한 사실 가운데 하나는 함께 있기가 제일 부담스러운 사람이 직장상사라는 점이다.

: Krueger, A. B., Kahneman, D., Schkade, D., Schwarz,

N., & Stone, A. A.(2008). *National time accounting: The Currency of life(Working Papers No. 1061)*, Princeton, NJ: Princeton University, Department of Economics, Industrial Relations Section.

46~47　이는 스웨덴에서 진행한 조사를 어느 정도 설명해줄 수 있는 결과로, 스웨덴에서 3,000명 이상의 직장인을 대상으로 실시한 한 연구에 따르면 주변인들 중 가장 불만족스러운 사람이 상사라고 생각하는 사람들의 경우 심각한 심장질환에 걸릴 위험이 24%나 더 높다는 결과가 나왔다.
: Nyberg, A., Alfredsson, L., Theorell, T., Westerlund, H., Vahtera, J., & Kivimaki, M. (2009). Managerial leadership and ischaemic heart disease among employees: The Swedeish WOLF study. *Occupational and Environmental Medicine, 66*(1), 51—55.

47　하지만 상사가 주로 부하직원의 강점에 관심을 가져줄 경우에는 일부로 업무에 몰두하지 않게 될 확률이 고작 1%, 즉 100분의 1 수준이다.

: Rath, T.(2007). *StrengthsFinder 2.0*. New York: Gallup Press.

49 　한 연구에 따르면 50대에 접어든 사람들의 약 3분의 2가 계속해서 일하고 싶어 하는 것으로 나타났다.
: MetLife Foundation/Civic Ventures.(2005, June). *New Face of Work Survey*. 검색 날짜와 출처 : 2009년 9월 1일, http://www.civicventures.org/publications/surveys/new_face_of_work/new_face_of_work.pdf

49 　더욱 주목할 만한 점은, 이들 남성 중 93%가 일에서 엄청난 만족감을 얻고 있다고 보고했으며, 86%는 일을 하는 것이 즐겁다고 응답했다는 점이다.
: Public Opinion Surveys, Inc.(1959). *Who lives to be 95 and older?: A study of 402 Americans 95 years of age and over*. Princeton, NJ.

49 　강점을 발휘하고 일상의 작은 성공들을 경험하는 것만으로도 우리는 더 많은 것을 배울 수 있다.

: Dye, D.(2009, August 26). *We learn more success, not failure*. 검색 날짜와 출처 : 2009년 12월 18일, ABC New 웹사이트: http://abcnews.go.com/Techmology/DyeHard/story?id=8319006

49~50   가장 잘할 수 있는 일에 관심을 쏟을 수 '없는' 사람들과 비교해볼 때, 강점을 발휘할 기회를 지닌 사람들은 업무에 몰입할 확률이 6배나 더 높고 훌륭한 삶을 살고 있다고 답할 가능성도 3배 이상 높다.
: Rath, T.(2007). *StrengthsFinder 2.0*. New York: Gallup Press.

50   갤럽이 확보한 전 세계 데이터에 따르면, 이런 사람들은 직장에서 보내는 주당 40시간을 온전히 즐길 수 있다. 반면에 강점을 발휘할 기회가 주어지지 '않은' 사람들은 매주 20시간의 업무 이후에 완전히 소진되어버린다는 사실을 알 수 있다.
: 우리가 전 세계 사람들의 임의적인 사례들을 조사했을 때, 우리는 그들에게 하루 전에 얼마나 많은 시간 동안 업

무를 했는지 물어보았다. 또한 그들에게 그날 하룻동안의 경험과 감정들에 관한 다양한 질문들을 던졌다. 직업적 웰빙이 낮은 사람들과 강점을 활용할 기회를 가지지 못한 사람들의 경우, 주중 20시간의 업무에 해당하는 하루 고작 4시간의 업무 이후에 그들의 에너지가 급속도로 떨어지기 시작했다. 직업적 웰빙이 좀 더 높고 강점을 정기적으로 활용할 기회가 있었던 사람들을 조사해보니, 이 집단은 하루 최소한 8시간 동안 일을 할 수 있었고(주중 40시간에 해당한다), 몇몇 경우에는 하루 13시간까지 일할 수도 있었다.

Harter, J. K., & Arora, R.(2009). The impact of time spent working and job fit on well-being around the world. In E. Diener, D. Kahneman, & J. Helliwell.(Eds.), *International Differences in Well-Being*(pp. 389-426). Oxford, UK: Oxford University Press.

50 당신이 좋아하는 일을 하고 있다고 해서 지치거나 스트레스를 받을 리 없다는 말은 절대 아니다.
: 자료를 보면 직업적 웰빙이 높은 사람들에게서조차 이

런 현상을 찾아볼 수 있다. 조사 결과 8시간의 노동 이후에도 계속 유지되었던 유일한 감정은—직업적 웰빙이 높은 사람들에 대해— 자부심(pride)이었다.

WELLBEING FINDER

Career Wellbeing

Community Wellbeing

Chapter 2
사회적 웰빙
Social Wellbeing

◆ ◆ ◆

사회적 웰빙은 최소한 한 명의 친한 친구에서부터 시작된다. 여기에 덧붙여 말할 것이 있다면, 그 관계의 '질'이 전반적인 건강과 웰빙에 매우 중요한 역할을 한다는 점이다. 한 연구는 불편한 부부관계가 시간이 흐름에 따라 실제로 육체적 건강을 크게 악화시킨다는 점을 밝혀냈다. 친한 친구가 한 명 추가될 때마다 당신의 인생과 일상 경험에 훨씬 더 긍정적인 기여를 한다. 우리 연구에 따르면 최소한 서너 명의 절친을 둔 사람이 그렇지 않은 사람보다 더욱 건강하고 고차원적인 웰빙을 누리며, 업무에도 잘 몰두한다. 하지만 친한 친구가 한 명도 없다면 무료함과 외로움, 우울증으로 이어질 수 있다. 소셜 네트워크에 대한 하버드 대학의 연구는, 행복해하는 각각의 친구가 당신이 행복해질 가능성을 약 9% 증가시키고, 불행을 느끼는 각각의 친구가 당신이 행복해질 가능성을 낮출 확률은 7%까지라는 사실을 발견했다.

◆ ◆ ◆

Social Wellbeing
주변인들과 돈독한 인간관계를 맺어라!

인생에서 가장 기억에 남는 사건이나 경험, 또는 순간을 떠올려보라. 그러면 그 장면에 항상 누군가 다른 이가 함께 있었다는 사실을 발견하게 될 것이다. 최고의 순간이나 가장 고민스러웠던 순간은 나와 어떤 사람 사이의 교류 속에서 발생한다. 하지만 종종 사람들은 나와 가장 가까운 사이 또는 사회적 관계의 영향력을 대수롭지 않게 여기곤 한다.

인간관계가 사람들의 기대감과 욕구, 목표들을 어떻게 형성하는지에 관한 여러 과학자들의 연구가 진행되고 있다. 그리고 여러 가지 다양한 결과들이 속속 도출되었다. 지금 여러분의 감정은 옆 사람에게 빠르게 전달된다. 가령, 행복해하는 친구를 보면 종종 저절로 미소를 짓게 되고 결과적으로 여러분의 기분도 덩달아 좋아지는 것이 그렇다. 반대로 회사에서 오후 내내 짜증나는 회의를 하다가 퇴근 후 집에 돌아간다면 좋지 않은 감정 상태가 여러분의 배우자에게, 또 아이들에게 옮겨가기가 쉽다. 인간은 주변 사람들의 분위기에 동화되는 경향이 있기 때문에 우리의 감정은 온종일 서로에게 영향을 미치게 된다.[+]

가족보다 친구가 더 많은 영향을 미친다?

혈연으로 맺어진 아주 가까운 사람들뿐만 아니라 친구들의 개별적인 인간관계 네트워크도 여러분의 웰빙에 큰 영향을 미친다. 하버드 대학의 한 연구에 따르면, 웰빙은 '전체적인 네트워크'에 좌우된다. 이 연구는 상호 연계된 하나의 네트워크에 속해 있는 30세 이상의 1만 2,000명을 대상으로 장기간 추적, 조사하는 식으로 이루어졌다. 그 결과 사회적 네트워크상의 직접적인 연관관계가 행복하다면 당신이 행복해질 가능성이 무려 15%까지 증가하는 것으로 나타났다.[+] 쉽게 풀어 설명하자면, 웰빙 수준이 높은 사람과 직접적이고 빈번한 접촉을 갖는다면 행복해질 가능성이 극적으로 높아진다는 말이다.

훨씬 더 중요한 것은 '간접적인' 연계가 우리의 행복에 영향을 미치는 정도다. 하버드 대학의 연구는 간접적인 유대관계에 대해서도 비슷한 결과를 찾아냈다. 즉 당신과 직접적인 연계가 있는 친구의 한 친구가 행복하다면 당신의 친구가 행복해질 확률이 15%까지 높아지고, 당신이 행복해질 가능성은 10%까지 증가한다. 비록 당신이 이 간접적인 연계가 있는 사람을 아예 알지 못하거나 그와 아무 상호관계가 없다고 해도 말이다.

즉 당신의 친구의 친구의 친구도 당신의 행복에 영향을 미칠 수 있다는 의미다. 소셜 네트워크에 관한 이 의미 있는 연구에 따르면, 유대관계상 당신과 3단계나 떨어져 있는 어떤 사람이 행복할 경우, 당신이 행복해질 확률은 6%나 더 높아진다. 행복지수의 6% 증가는 그리 대단해보이지 않을 수 있지만, 소득 증가와 행복 지수의 영향력을 연구한 결과와 비교해보면 사실상 이는 대단히 의미 있는 수치다. 이 연구 결과 연간 1만 달러의 소득 증가는 행복해질 가능성을 겨우 2% 높이는 효과에 그친 것으로 나타났다.[+] 이 같은 결과를 통해 연구자들이 내린 결론은 친구 및 친인척의 웰빙 수준이 소득의 증가보다 행복에 더 많은 영향력을 지니는 예측변수라는 점이다. 하버드 대학의 연구원 니콜라스 크리스타키스(Nicholas Christakis)는 다음과 같이 요약해 설명했다.

"사람들은 소셜 네트워크의 구석구석을 차지하고 있으며 한 사람의 웰빙이 다른 이들의 건강과 웰빙에 영향을 줍니다 … 인간의 행복은 단지 개별적으로 동떨어진 개인들의 영역에 존재하는 것이 아닙니다."[+]

크리스타키스는 또한 사회적 유대관계가 우리 습관과 행동, 건강에 어떤 영향을 미치는지에 대한 연구도 진행했다. 흡연을 주제로 한 연구에 따르면, 흡연자와 직접적인 유대관계가 있을 경우 담배를 피우게 될 가능성이 61% 더 높았다. 두 단계 떨어진 관계, 즉 친구의 친구가 흡연자일 경우에도 흡연할 가능성은 여전히 29%가 더 높다. 그리고 세 단계 떨어진 관계일 경우에는 그 확률이 11% 더 높다.

이런 맥락에서 보면, 지인의 압력으로 인해 흡연율이 절반까지 뚝 떨어지게 된 경로를 쉽게 이해할 수 있다.[+] 사회생활의 소속 반경 내에서(예컨대 직장에서) 흡연이 용인되는 경우가 차츰 줄

어듦에 따라 이 현상은 친구 및 가족과 관련된 네트워크로도 급속히 퍼져나가고 있다. 이 연구가 진행 중이던 1971년부터 2000년 사이에 실제로 흡연자들은 소속된 네트워크에서 외곽으로 점점 밀려나고 있었다.[+]

인간관계가 비만에 미치는 영향

우리가 생활 속에서 맺는 관계들은 몸무게에도 직접적인 영향을 미친다. 친구가 비만일 경우 이는 당신이 비만이 될 확률을 57%까지 높여준다. 형제나 자매가 비만일 경우에는 그 확률이 40%까지 증가한다. 그리고 배우자가 비만이 되었다면, 당신이 비만이 될 가능성은 37%까지 높아진다.[+]

시간이 흐를수록 우리의 식습관과 운동습관은 친구의 패턴을 닮아간다. 가장 친한 친구가 매우 활동적이라면 당신의 신체활동 정도가 높아질 확률이 거의 3배나 된다. 우리가 밝혀낸 조사 결과, 매우 건강한 식습관을 생활화하는 친한 친구를 곁에 둔 사람들은 아주 건강한 식습관을 갖게 될 확률이 5배 이상 높다.[+] 당신이 건강한 식습관을 갖게 될지의 여부를 살펴보면 가장 친한 친구의 식습관이 부모의 식습관보다 훨씬 더 강력한 영향을 미치는 변수다. 따라서 우리가 주위에서 어울려 지내는 사람들은 가족력보다 건강에 더 많은 영향을 미친다.

사회적 상호작용과 육체적 활력의 조합은 복합적인 영향력을 지닌다. 우리 실험에 참여해준 사람들 중 가장 높은 수준의 사회적 웰빙과 육체적 웰빙을 만끽하던 교사 켈리(Kelly)는 그녀의 육체적 웰빙에서 친구와의 관계가 얼마나 필수불가결한 존재였는지 잘 보여주는 사례다.

켈리의 남편은 매일 아침 일찍 일어나 운동을 하러 가는데, 그의 이런 모습은 항상 그녀가 좀 더 활력 있게 지내도록 은근히 자극을 한다. 그들은 꽤 많은 시간 동안 집 밖에서 운동을 즐긴다. 하지만 매일같이 그녀를 계속해서 집 밖으로 불러내는 사람은 사실 그녀의 친구 리사(Lisa)다. 매일 아침 그들은 켈리의 집에서 만나 최소한 5,6킬로미터 정도 함께 산책을 한다. 이 산책은 서로에게 어느 정도의 책임감을 부여한다. 다른 한 사람을 위해서라도 어쨌든 산책을 나가야 하니 말이다. 켈리는 '내가 약간 게을러지는 유일한 시점은 리사가 여행이나 출장으로 집을 떠났을 때뿐'이라고 말했다.

켈리는 또한 누군가와 함께할 때 좀 더 규칙적으로 운동을 하는 편이다. 그녀는 동료 또는 친구들과 공원을 거닐거나 운동을 하면서 우정을 더욱 돈독히 다진다. 그녀는 이렇게 말했다.

"혼자였다면, 이런 일들을 일종의 부담으로 느꼈을 겁니다. 리사가 한동안 집을 비우게 되면 저는 산책을 후딱 해치우려고 오히려 더 일찍 일어나요. 그럴 때 저는 산책을 마치 일거리처럼 생각하는 것 같아요. 산책이 건강에 좋다는 사실을 알기 때문에 일단 집을 나서기는 해도 되도록 최대한 후딱 해치우려는 거죠."

하지만 친구와 함께 운동을 하고 시간 가는 줄 모를 만큼 즐거울 때에는 상황이 달라진다. 켈리는 친구들과 함께 운동을 하고 나면 하루 종일 상쾌한 기분으로 생활하게 된다고 털어놓았다.

타인의 행복까지 신경 써라

긴밀한 우정을 다지는 일은 일반적으로 생리적 건강에도 긍정적인 작용을 한다. 좋은 대인관계는 힘겨운 시간을 겪는 동안의 고통을 어느 정도 흡수해주는 완충제 역할을 하고, 이는 다시 심혈관계의 기능을 개선시켜 스트레스 수치를 낮춰준다.[+] 반면에 극소수의 사회적 유대관계를 지닌 사람들은 심장질환으로 사망에 이를 위험이 거의 2배나 높고, 빈번한 사회적 접촉에 따른 바이러스 노출 위험이 더 적은데도 불구하고 감기에 걸릴 확률 또한 2배 더 높다.[+]

한 연구진은 가장 긴밀하게 맺어진 관계가 육체적 건강에 어떤 영향을 미치는지 연구하기 위해 흥미로운 실험을 계획했다. 이 실험에서 연구진은 스트레스의 정도가 상처 회복에 걸리는 시간에 어떤 영향을 미치는지 관찰해보기로 했다.[+] 연구진은 42쌍의 부부를 병원으로 불러 그들의 팔에 몇몇 작은 상처들을 냈다. 그리고 나서 상처가 치유되는 속도를 측정하기 위해 상처 위에 기계를 설치했다.

그 결과, 부부관계가 좋지 않다고 응답한 커플들의 경우 상처가 치유되는 데 약 2배의 시간이 더 걸렸음을 확인할 수 있었다. 이는 당신이 원만하지 않은 인간관계를 맺고 있을 경우 수술이나 큰 부상에서 회복되는 데 걸리는 시간이 더 길어질 수 있다는 의미다. 인간관계와 건강 사이의 관계에 대한 연구가 계속 이어지는 과정에서 연구진이 밝혀낸 사실은 질병이나 상처에서

회복되는 속도에 있어 사회적 웰빙이 일반적인 요인들보다 훨씬 큰 영향력을 지닐 수도 있다는 점이다.[+]

이 연구에서 도출해볼 수 있는 또 다른 함의는 '상대방과의 거리도 중요하다'는 점이다. 가까이 살고 있는 친구는 좀 더 먼 곳에 사는 친구보다 당신의 행복에 더 많은 영향을 미치기 쉽다. 심지어 바로 옆에 사는 이웃의 행복도 당신의 웰빙에 영향을 준다.

당신이 맺고 있는 소셜 네트워크 전부가 당신의 건강과 생활습관, 행복에 영향을 미치므로 여럿이 함께 나누는 공동의 우정이 중요해진다. 친한 친구와 당신이 제 3자와 우정을 나누는 그런 관계 말이다. 이런 공동의 우정에 투자한다면 결국 훨씬 더 높은 수준의 웰빙을 누리게 될 것이다. 이런 이유로, 우리가 주변의 '전체적인' 네트워크를 강화하기 위해 최선을 다하는 것이 굉장히 중요하다. 요약해서 말하자면, 우리는 다른 사람들의 행복에 어느 정도 관여하고 있는 셈이다.

하루 6시간 투자로 훌륭한 하루를

긴밀한 유대관계와 상대방과의 거리 이외에 사교활동에 할애하는 시간의 양도 중요하다. 우리가 수집한 자료에 따르면, 충만한 하루를 보내기 위해서는 '하루 6시간'의 사교활동이 필요하다.[+] 매일 최소한 6시간 동안의 사교활동 시간을 확보한다면 웰빙이 증진되고 스트레스와 쓸데없는 걱정이 크게 줄어든다. 하룻동안 사교활동에 6시간을 할애한다는 것이 그리 어려운 일이라고 생각되지는 않을 것이다. 여기서 기억해야 할 것은 앞서 밝힌 6시간 안에 회사와 집에서 보내는 시간뿐만 아니라 전화통화, 친구와의 잡담, 이메일 보내기 및 다른 의사소통 시간까지가 모두 포함된다는 점이다.

하룻동안 사교활동을 거의 하지 않을 경우 좋은 하루나 나쁜 하루를 보내게 될 확률은 50대 50이다. 하지만 '사교활동을 1시간씩 늘릴 때마다 나쁜 하루를 보낼 가능성은 급속히 줄어든다.' 사교활동에 3시간만 할애해도 나쁜 하루를 보낼 확률은 10%로 낮아진다. 그리고 사교활동 시간을 늘릴수록―약 6시간까지― 좋은 하루를 보내게 될 가능성은 높아진다.

사교활동에 하루 6시간을 할애한다는 게 어쩌면 너무 많은 시간을 들이는 것처럼 보일 수도 있겠다. 하지만 사회적 웰빙을 만끽하고 있는 사람들은 실제로 '평균적으로' 하루 약 6시간 동안 사교활동을 하는 것으로 나타났다. 다양한 성격 유형을 기준으로 실험집단을 분류하고(외형적인 사람들과 내성적인 사람으로) 주중과 주말을 비교, 분석하는 연구를 진행했을 때에도 하룻동안 사교활동에 들이는 시간을 한 시간씩 추가할 때마다 주목할 만한 효과가 나타났다. 사교활동은 그 시간을 늘림으로써 웰빙이 즉각적으로 향상되는 이점 말고도, 장기적으로 볼 때 훨씬 더 큰 효과를 제공할 수 있다. 특히 나이를 먹어갈수록 더욱 그렇다. 50세 이상의 1만 5,000명 이상을 대상으로 진행한 한 연구를 보면, 사회적으로 활발한 활동을 했던 사람들은 그렇지 않았던 사람들에 비해 기억력 감퇴 속도가 절반 이하였음을 알 수 있다.[+]

친구가 없는 직장은 외로울 뿐이다

갤럽은 일터에서 우정이 갖는 가치에 대해 엄청나게 많은 연구를 수행해왔다. 전 세계 1,500만 명이 넘는 사람들에게 물어본 가장 결정적인 질문은 "직장에 '절친'이 있는가?"이다. 우리가 이런 특정 어휘를 사용한 이유는, 이전에 진행했던 실험에 비추어볼 때 단순히 '친구'나 '좋은 친구'가 있는지를 묻는 것보다 '절친'이 있는지를 묻는 것이 좀 더 강력한 예측변수를 제공해주었기 때문이다.

조사 결과, 겨우 30%의 직장인이 회사에 절친이 있다고 응답했다. 그런 사람들은 업무에 몰입할 가능성이 7배 더 높고, 고객을 더 열정적으로 대하며, 업무 성취도가 높고, 더 고차원적인 웰빙을 누리고 있으며, 업무 중에 부상을 입을 확률도 더 낮다. 반면 직장에 절친이 없는 사람들은 극명한 대조를 보였는데, 12명당 고작 1명만이 업무에 몰입한 상태였다.

그렇다면 왜 직장 내에 절친이 있고 없는가에 따라 이처럼 엄청난 차이가 나타나는 것일까? 이를 알아보기 위해 우리는 하루 일과 내내 순간순간의 어떤 경험들이 더 고차원의 웰빙과 몰입도를 낳는지 관찰해보았다. 우리가 밝혀낸 바로는 이 부분에 가장 큰 영향을 미치는 단일 예측변수는 사람들이 '무슨' 일을 하는지가 아니라 '누구와 함께' 있는가였다.

같은 직장을 다니는 두 친구가 생산성에 직접적으로 관련이 있는 업무들에 개입되어 있는지의 여부는 별로 중요하지 않다.

MIT 연구진은 실험대상 직장인들에게 하루 종일 첨단 특수장치를 소지하도록 하고 그들의 움직임과 대화를 관찰해보았다. 이 실험에 따르면 휴식시간의 잡담은 사실상 생산성에 좋은 영향을 미칠 수도 있다. 연구진은 사회적 응집력이 조금이나마 증가해도 생산에서 큰 이익으로 이어질 수 있다는 사실을 찾아냈다.[+]

만약 당신이 함께 모일 사람들과 장소가 충분히 있는 직장에 근무하지 않는다고 해도, 친밀한 대인관계를 발전시켜나가는 일은 여전히 가능하다. 프로젝트 매니저로 일하고 있으며 사회적 웰빙을 충만히 영위하고 있는 로랜드(Roland)는 이렇게 설명했다.

"내가 가장 친하게 지내며 자주 일하는 세 사람은 미국 전역에 흩어져 있습니다. 그래서 1년에 몇 번 간신히 얼굴을 보곤 하죠. 하지만 매일같이 이메일을 통해 정치나 스포츠 등에 관해 이야기를 나눕니다. 심지어 주말에도 말입니다."

선도적인 조직들은 기술 발전이 어떻게 업무 관련 문제뿐만 아니라 근로자들이 개인적 유대관계를 유지해나가도록 도울 수 있는지 잘 알고 있다.

절친 한 명이면 충분하다고? 글쎄올시다…

사회적 웰빙은 최소한 한 명의 친한 친구에서부터 시작된다. 여기에 덧붙여 말할 것이 있다면, 그 관계의 '질'이 전반적인 건강과 행복에 매우 중요한 역할을 한다는 점이다. 한 연구는 불편한 부부관계가 시간이 흐름에 따라 실제로 육체적 건강까지 크게 악화시킨다는 점을 밝혀냈다.[+] 친한 친구가 한 명 추가될 때마다 당신의 인생과 일상 경험에 훨씬 더 긍정적인 기여를 한다. 갤럽의 연구에 따르면 최소한 서너 명의 절친을 둔 사람이 그렇지 않은 사람보다 더욱 건강하고 고차원적인 웰빙을 누리며, 업무에도 잘 몰두한다.[+] 하지만 친한 친구가 한 명도 없다면 무료함과 외로움, 우울증으로 이어질 수 있다.

소셜 네트워크에 대한 하버드 대학의 연구는 행복해하는 각각의 친구가 당신이 행복해질 가능성을 약 9% 증가시키고, 불행을 느끼는 각각의 친구가 당신이 행복해질 가능성을 낮출 확률은 7%까지라는 사실을 발견했다.[+] 이런 결론은 아마도 왜 평균적으로 볼 때 각각의 새로운 인간관계가 당신의 웰빙을 증진시켜줄 여지가 큰지 설명할 수 있을 것이다.

사회적 웰빙을 한껏 누리고 있는 스콧(Scott)은 가장 친밀하게 지내는 사람들 각자가 그의 인생에 어떤 기여를 하고 있는지 설명해주었다. 그의 아버지는 항상 그에게 훌륭한 질문을 던지고 직업적 측면에서 동기를 부여해준다. 그의 아내는 그가 혼자일 때보다 사회생활을 훨씬 더 잘해나가도록 돕는다.

스콧은 또한 밀접한 관계를 맺고 있는 대학 친구들과 매일 함께 시간을 보낸다. 그들은 재정적 문제와 대인관계 이슈, 직장 내 갈등과 개인적 건강 문제들을 서로 돕기 위해 한 자리에 모인다. 한 사람이 자신의 니즈를 모두 충족해줄 것으로 기대하고 그 관계를 실패로 몰아가는 대신에, 스콧은 자신의 네트워크의 강점들에 기대고 있다.

우리가 연구했던 사람들의 80% 이상이 가장 친한 우정관계로부터 그들이 얻는 것과는 전혀 다른 어떤 것을 기여하는 것으로 보고한다. 따라서 훌륭한 인관관계의 열쇠는 한 사람이 모든 것을 다 해결해줄 거라고 기대하는 것이 아닌, 각각의 친구가 기여하는 것이 무엇인지에 초점을 맞추는 일이다.

사회적 웰빙의 핵심들

사회적 웰빙 수준이 높은 사람들은 목표를 성취하고 인생을 즐기며 건강해지도록 돕는 긴밀한 인간관계를 갖고 있다. 또한 자신의 발전과 성장을 북돋워주는 사람들에게 둘러싸여 있다. 이들은 소셜 네트워크에 투자하는 일에 의식적으로 많은 시간을 보낸다(평균 하루 6시간 정도). 그리고 이런 관계를 돈독하게 해주는 모임을 갖고 여행을 떠나기 위해 계획을 세운다. 결국 사회적 웰빙이 충만한 사람들은 훌륭한 인간관계를 맺고 있으며, 이는 그들에게 매일같이 긍정적인 에너지를 제공해준다.

사회적 웰빙을 높이기 위한 **세 가지 조언**

1. 친구와 가족, 동료들과 사교활동을 하는 데 하루 6시간을 할애하라 (이 시간에는 일터, 가정, 전화, 이메일 및 다른 커뮤니케이션이 포함된다).
2. 당신의 네트워크에 있는 사람들과 유대를 강화하라.
3. 사교활동 시간을 신체활동과 섞어라. 예를 들어 친구와 긴 산책로를 걸음으로써 서로가 건강해지도록 동기를 부여할 수 있다.

Chapter 2 Reference

70 인간은 주변 사람들의 분위기에 동화되는 경향이 있기 때문에 우리의 감정은 온종일 서로에게 영향을 미치게 된다.
: Ekman, P.(2003). *Emotions revealed: Recognizing faces and feelings to improve communication and emotional life*. New York: Henry Holt and Company, LLC.

70 이 연구는 상호 연계된 하나의 네트워크에 속해 있는 30세 이상의 1만 2,000명을 대상으로 장기간 추적, 조사하는 식으로 이루어졌다. 그 결과 사회적 네트워크상의 직접적인 연관관계가 행복하다면 당신이 행복해질 가능성이 무려 15%까지 증가하는 것으로 나타났다.
: Fowler, J. H., & Christakis, N. A.(2008). Dynamic spread of happiness in a large social network: Longitudinal analysis over 20 years in the Framingham heart study.

BMJ, 337, a2338+.

71   이 연구 결과 연간 1만 달러의 소득 증가는 행복해질 가능성을 겨우 2% 높이는 효과에 그친 것으로 나타났다.
: Christakis, N.A., & Fowler, J. H. (2009). *Connected: The surprising power of our social networks and how they shape our lives*. New York: Little, Brown and Company.

72   하버드 대학의 연구원 니콜라스 크리스타키스(Nicholas Christakis)는 다음과 같이 요약해 설명했다.
"사람들은 소셜 네트워크의 구석구석을 차지하고 있으며 한 사람의 웰빙이 다른 이들의 건강과 웰빙에 영향을 줍니다 … 인간의 행복은 단지 개별적으로 동떨어진 개인들의 영역에 존재하는 것이 아닙니다."
: Fowler, J. H., & Christakis, N. A. (2008). Dynamic spread of happiness in a large social network: Longitudinal analysis over 20 years in the Framingham heart study. *BMJ, 337*, a2338+.

72		이런 맥락에서 보면, 지인의 압력으로 인해 흡연율이 절반까지 뚝 떨어지게 된 경로를 쉽게 이해할 수 있다.
: Christakis, N. A., & Fowler, J. H.(2009). *Connected: The surprising power of our social networks and how they shape our lives*. New York: Little, Brown and Company.

73		이 연구가 진행 중이던 1971년부터 2000년 사이에 실제로 흡연자들은 소속된 네트워크에서 외곽으로 점점 밀려나고 있었다.
: Christakis, N. A., & Fowler, J. H.(2008). The collective dynamics of smoking in a large social network. *The New England Journal of Medicine, 358*(21), 2249−2258.

73		배우자가 비만이 되었다면, 당신이 비만이 될 가능성은 37%까지 높아진다.
: Christakis, N. A., & Fowler, J. H.(2007). The spread of obesity in a large social network over 32 years. *The New England Journal of Medicine, 357*(4), 370−379.

73 우리가 밝혀낸 조사 결과, 매우 건강한 식습관을 생활화하는 친한 친구를 곁에 둔 사람들은 아주 건강한 식습관을 갖게 될 확률이 5배 이상 높다.

    : Rath, T.(2006). *Vital friends: The people you can't afford to live without*. New York: Gallup Press.

75~76 좋은 대인관계는 힘겨운 시간을 겪는 동안의 고통을 어느 정도 흡수해주는 완충제 역할을 하고, 이는 다시 심혈관계의 기능을 개선시켜 스트레스 수치를 낮춰준다.

    : DukeMed News.(2004, April 13). *Isolated heart patients have twice the risk of dying, present challenges to health care workers*. Retrieved August 19, 2005, from http://www.emaxhealth.com/39/176.html

76 반면에 극소수의 사회적 유대관계를 지닌 사람들은 심장질환으로 사망에 이를 위험이 거의 2배나 높고, 빈번한 사회적 접촉에 따른 바이러스 노출 위험이 더 적은데도 불구하고 감기에 걸릴 확률 또한 2배 더 높다.

    : Rath, T.(2006). *Vital friends: The people you can't afford* to live without. New York: Gallup Press.

Cohen, S., Doyle, W. J., Turner, R., Alper, C. M., & Skoner, D. P.(2003). Sociability and susceptibility to the common cold. *Psychological Science, 14*(5), 389-395.

76 한 연구진은 가장 긴밀하게 맺어진 관계가 육체적 건강에 어떤 영향을 미치는지 연구하기 위해 흥미로운 실험을 계획했다. 이 실험에서 연구진은 스트레스의 정도가 상처 회복에 걸리는 시간에 어떤 영향을 미치는지 관찰해보기로 했다.

: Kiecolt-Glaser, J. K., Loving, T. J., Stowell, J. R., Malarkey, W. B., Lemeshow, S., Dickinson, S. L., et al.(2005). Hostile marital interactions, proinflammatory cytokine production, and wound healing. *Archives of General Psychiatry, 62*(12), 1377-1384.

76~77 인간관계와 건강 사이의 관계에 대한 연구가 계속 이어지는 과정에서 연구진이 밝혀낸 사실은 질병이나 상처에서 회복되는 속도에 있어 사회적 웰빙이 일반적인 요인들보

다 훨씬 큰 영향력을 지닐 수도 있다는 점이다.

: Boden-Albala, B., Litwak, E., Elkind, M. S. V., & Sacco, R. L.(2005). Social isolation and outcomes post stroke. *Neurology, 64*(11), 1888-1892.

78 **우리가 수집한 자료에 따르면, 충만한 하루를 보내기 위해서는 '하루 6시간'의 사교활동이 필요하다.**

: 우리는 갤럽·헬스웨이스 웰빙 지수를 활용해 14만 명 이상의 미국인들이 매일 경험하는 감정들을 추적, 조사했다. 지금도 계속 진행 중인 이 연구의 일환으로 우리는 사람들에게 하루 전날 즐거움과 행복, 걱정, 스트레스를 많이 느꼈는지의 여부를 말해달라고 요청한다. 또한 하루 전날 친구나 가족과 함께 보낸 시간을 되새겨보는 시간이 어느 정도인지도 기록한다(전화통화나 이메일을 주고받은 시간도 포함). 우리는 하룻동안의 기분과 사교활동에 보낸 시간을 비교검토했다.

Harter, J. K, & Arora, R.(2008, June 5). *Social time crucial to daily emotional well-being in U. S.* Retrieved

September 23, 2009, from Gallup Web site: http://www.gallup.com/poll/107692/Social-Time-Crucial-Daily-Emotional-WellBeing.aspx

다음 표에서 알 수 있듯이, 사교활동이 한 시간 추가될 때마다—약 6시간까지— 좋은 하루를 보낼 확률은 높아진다.

사교활동 시간과 하룻동안의 기분

하룻동안 사교활동에 보내는 시간	행복과 즐거움을 느끼는 비율	스트레스나 걱정이 많은 비율	행복 : 스트레스 비율
0	32%	27%	1:1
0.1~1	35%	20%	2:1
1.1~2	40%	15%	3:1
2.1~3	44%	11%	4:1
3.1~4	49%	8%	6:1
4.1~5	51%	7%	7:1
5.1~6	54%	6%	9:1
6.1~7	54%	5%	11:1
7.1~8	56%	6%	9:1
8.1~9	56%	6%	9:1
9시간 이상	56%	6%	9:1

출처: 갤럽·헬스웨이스 웰빙 지수.

79 50세 이상의 1만 5,000명 이상을 대상으로 진행한 한 연구를 보면, 사회적으로 활발한 활동을 했던 사람들은 그렇지 않았던 사람들에 비해 기억력 감퇴 속도가 절반 이하였음을 알 수 있다.
: Ertel, K. A., Glymour, M. M., Berkman, L. F.(2008). Effects of social integration on preserving memory function in a nationally representative US Elderly population. *American Public Health Association, 98*(7), 1215—1220.

81 연구진은 사회적 응집력이 조금이나마 증가해도 생산에서 큰 이익으로 이어질 수 있다는 사실을 찾아냈다.
: Economist.com.(2008, August 20). Technology Monitor. *Every move you make.* Retrieved September 22, 2009, from www.economist.com/science/tm/displaystory.cfm?story_id =11957553

82 한 연구는 불편한 부부관계가 시간이 흐름에 따라 실제로 육체적 건강까지 크게 악화시킨다는 점을 밝혀냈다.
: Umberson, D., Williams, K., Powers, D. A., Liu, H.,

Needham, B.(2006). You make me sick: Marital quality and health over the life course. *Journal of Health and Social Behavior, 47*(1), 1—16.
이 연구는 1,000명 이상의 기혼자들을 대상으로 8년 동안 이루어졌다.

82 갤럽의 연구에 따르면 최소한 서너 명의 절친을 둔 사람이 그렇지 않은 사람보다 더욱 건강하고 고차원적인 웰빙을 누리며, 업무에도 잘 몰두한다.
: Rath, T.(2006). *Vital friends: The people you can't afford to live without.* New York: Gallup Press.

82 소셜 네트워크에 대한 하버드 대학의 연구는 행복해하는 각각의 친구가 당신이 행복해질 가능성을 약 9% 증가시키고, 불행을 느끼는 각각의 친구가 당신이 행복해질 가능성을 낮출 확률은 7%까지라는 사실을 발견했다.
: Christakis, N. A., & Fowler, J. H.(2009). *Connected: The surprising power of our social networks and how they shape our lives.* New York: Little, Brown and Company.

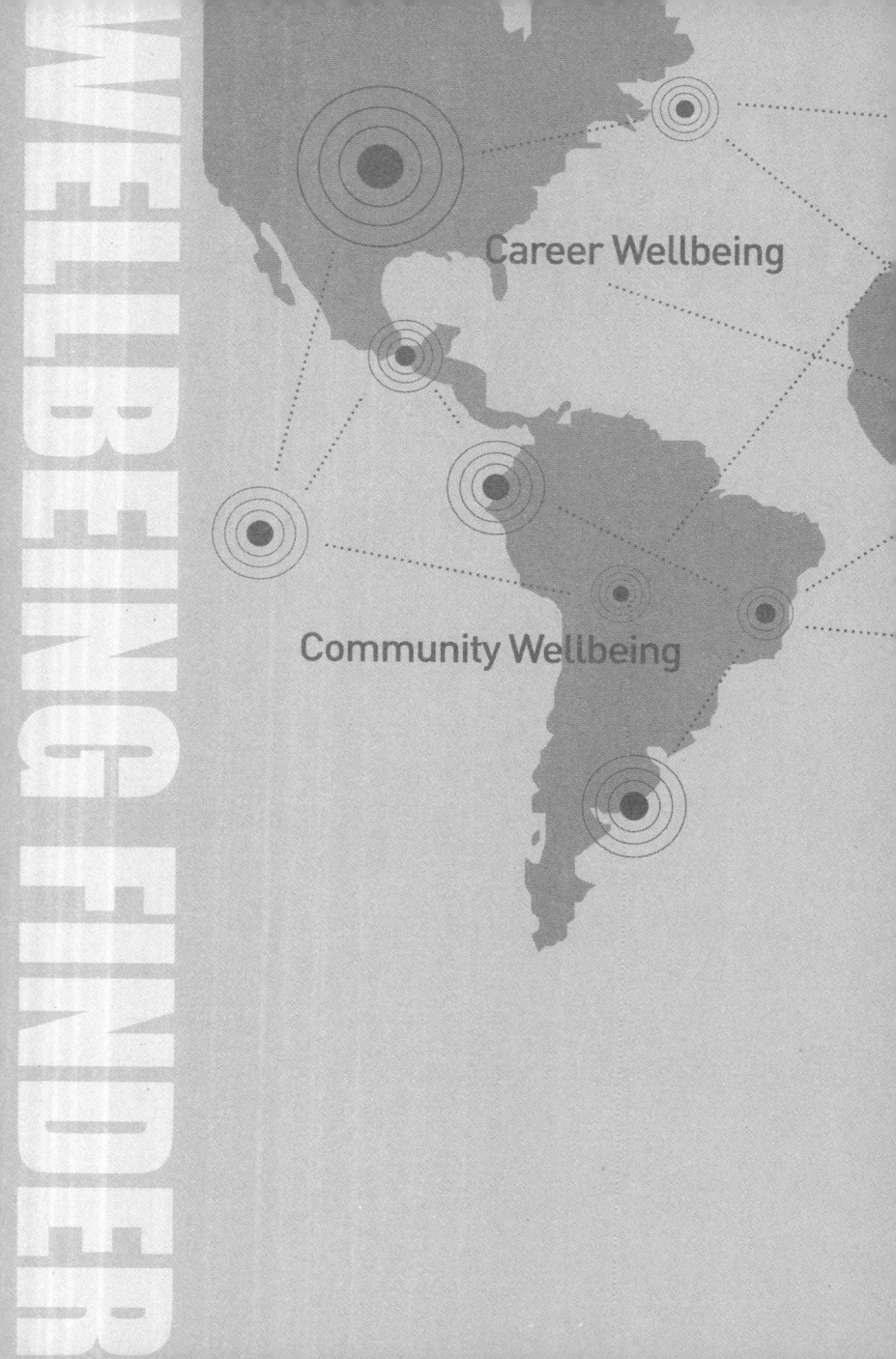

Chapter 3

경제적 웰빙
Financial Wellbeing

◆ ◆ ◆

재정적 안정감-당신이 하고 싶은 일들을 언제라도 할 수 있을 만큼 충분한 액수 이상의 돈을 가지고 있다는 인식-은 소득이라는 단일한 요인이 전반적인 웰빙에 미치는 영향력보다 3배 높은 영향력을 지닌다는 점이다. 또한 돈에 대해 걱정이 없는 상태는 전반적인 웰빙에 소득이 미치는 영향력보다 두 배 이상의 영향력을 지닌다.

서점에 가보면 부자가 되는 방법에 관한 조언이 넘쳐나고, 대부분의 재정적 조언자들은 금전적 수익을 기초로 정보를 제공한다. 그러나 이와 같은 접근방식은 잘못된 결과물을 목표로 삼고 있는지도 모를 일이다. 물론 미래를 위해 돈을 저축하고 투자수익을 극대화하는 일은 매우 중요하다. 하지만 부의 축적이라는 하나의 결과만 따라가는 것은 우리를 잘못된 길로 인도할 수도 있다.

◆ ◆ ◆

Financial Wellbeing
당신의 재정 상태를 꼼꼼히 점검하라!

우리가 돈이라는 주제에 관해 수많은 연구를 진행하면서 얻어낸 결과들은 애초에 세웠던 가정들의 상당수를 뒤집어놓았다. 개인 금융 부문의 대가로부터 얻은 조언은 현실적으로 잘 먹혀들지 않았다. 또한 사람들이 최적의 금전적 이득으로 귀결되는 합리적 의사결정을 내린다는 고전경제학의 핵심 가정도 보기 좋게 허물어졌다. 놀랍게도 우리는 보유한 돈의 액수가― 경제적 건강을 측정하는 금본위― 사람들의 인생은 고사하고 재정적 웰빙을 측정하는 가장 좋은 기준이 아니라는 사실을 알아냈다.

돈과 행복은 얼마나 밀접할까?

많은 책들과 기사들은 우리의 삶 전반적인 행복에 돈이 그리 중요하지 않다고 주장한다. 이런 주장을 하는 사람들은 종종 복권에 당첨된 사람들이 몇 년 후 훨씬 더 행복한 생활을 하고 있지 않다는 연구 결과를 사례로 제시한다. 한편 사람들이 기초적인 니즈를 감당하기에 충분한 돈을 확보하는 시점까지만 소득이 중요한 역할을 하는 것으로 드러난 연구들을 인용하는 사람들도 있다. 그리고 미디어는 부자이긴 해도 불행한 삶을 살아가는 사람들에 대하여 끊임없이 떠들어댄다.

소득 수준과 상관없이 행복해질 기회를 누구나 똑같이 갖고 있다고 믿을 수 있다면 정말 좋을 것이다. 하지만 우리가 확보한 자료에 따르면, 이는 사실과 거리가 멀다. 갤럽이 132개 나라에서 수집한 —웰빙 자료를 바탕으로 수행한 종합적— 연구에 기초해볼 때, 웰빙과 국내총생산(GDP) 사이에는 명백히 특정 관계가 존재한다. 그리고 그 관계는 우리가 추측하는 것보다 훨씬 강력하다. 즉 좀 더 부유한 나라의 시민은 보다 높은 웰빙 수준을 누리며 산다.[+] 따라서 비록 돈이 행복을 보장해주지는 않는다 해도, 부유한 나라에서 산다면 괜찮은 생활을 영위할 가능성이 더 높을 수 있다.

돈은 의식주를 해결해주는 역할을 하기에 가치가 있다. 전 세계적으로 널리 분포되어 있는 부와 빈곤처럼, 평균적인 웰빙 또한 아프리카의 토고부터 유럽의 덴마크에 이르기까지 매우 다

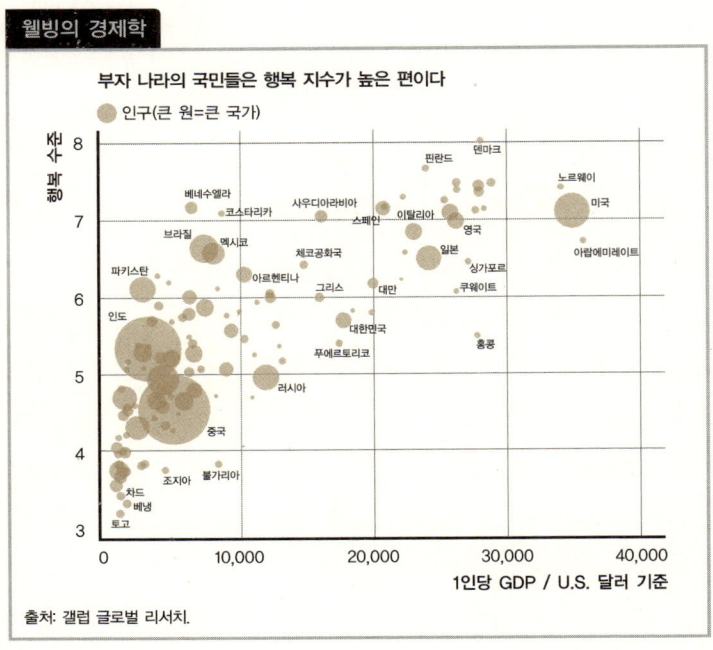

양하다. 이런 차이는 대체로 음식, 주거, 극도의 폭력으로부터 안전을 확보할 수 있는지의 여부가 다르기 때문이다. 예를 들어 아프리카 대륙 전체를 대상으로 한 연구에서 56%의 사람들은 지난 1년 사이에 가족이 '배고픔에 시달렸던' 적이 있었다고 대답했다.[+]

소득이 낮은 국가들의 경우, 질병은 고통을 유발시키는 주요 원인들 중 하나다. 이런 나라에서는 기초적인 건강관리를 위한 돈의 확보가 육체적 질병을 완화시켜주므로 웰빙을 증진시킬 수 있다. 따라서 전 세계 수많은 사람들에게 돈은 기초적인 니즈를 충족시키기 위한 절대적으로 필수불가결한 것이다.

소득이 중간 이상인 국가들의 경우 돈으로 살 수 있는 일상적 즐거움과 편안함으로 웰빙의 수준을 설명할 수 있을 것이다. 일반적으로 돈이 많은 사람들은 원하는 '것'을 원하는 '시점'에 얻을 수 있다. 돈은 시간 활용에 대한 더 많은 통제력을 부여함으로써 단기적 행복을 높일 수 있다. 그것이 더 짧아진 통근거리이든, 집에서 가족과 함께하는 더 많은 시간이든, 친구들과 친교를 다지는 추가적인 시간을 의미하든 상관없이 말이다.

돈으로 행복을 사는 방법

하버드 대학 연구팀은 자신에게 쓰는 돈과, 다른 이들에게 쓰는 돈, 그리고 그들의 행복에 관한 설문조사를 실시했다. 그 결과 자신에게 돈을 쓰는 것이 웰빙 수준을 높여주지 않는다는 점을 알아냈다. 하지만 다른 이들에게 돈을 쓰는 행동은 웰빙 수준을 높여주었고, 이런 행위는 그들이 벌어들이는 돈의 총 액수만큼이나 행복에 중요한 영향을 미치는 것으로 밝혀졌다.[+]

또 다른 실험에서 이 연구팀은 최근 상당한 액수의 '보너스'를 받은 사람들을 연구했고 각 개인이 이 돈을 어떻게 쓰기로 했는지 추적해보았다. 예상했겠지만 몇몇 사람들은 생활비와 임대비, 모기지 상환이나 생활용품 등 개인적인 용도에 그 돈을 사용했다. 다른 이들은 가외로 생긴 돈으로 타인을 위한 물품을 구매하거나 자선단체 등에 기부했다. 이번에도 자신에게 돈을 쓰는 행위는 행복을 증진시키지 못했던 반면, 다른 이들에게 돈을 쓰는 것은 행복을 높여주었다.

세 번째 실험에서 연구팀은 각 개인들의 하루를 하루 종일 추적했다. 각각의 실험 참여자들은 5달러나 20달러가 든 봉투를 받았고 그날 5시까지 그 돈을 모두 쓰라는 미션이 주어졌다. 참가자들은 개인적 물품에 그 돈을 쓰거나 다른 누군가를 위한 선물을 구매하거나, 자선단체에 기부하도록 임의로 지정되었다. 하루를 마감하는 시점에 조사해본 결과 실험 참가자들에게 주어진 돈의 액수는 그들의 행복도와 아무 관련이 없었다. 여기서 중요하게 작용한 요인은 그 돈이 '어떻게' 사용되었는가였다. 다시 한 번 말하지만, 다른 누군가를 위해 그 돈을 썼거나 자선단체에 기부한 사람들은 그날이 끝나는 시점까지 놀랄 만큼 행복의 증진을 경험했다. 반면에 자신에게 돈을 사용한 사람들은 그렇지 않았다.

쇼핑을 통한 기분 전환

기분이 가라앉아 있을 때, 쇼핑을 통해 기분을 전환하고자 노력하는 것은 장기적으로 큰 도움이 되지 않는다. 우울한 기분은 그렇지 않을 때보다 스스로에게 '훨씬 더 많은' 돈을 쓰도록 만들 수 있다.[+] 우울한 기분을 자극할 의도로 고안된 영상

물을 본 사람들은 그 비디오를 보지 않은 집단과 비교해볼 때 '거의 4배나 더 많은' 돈을 지출했다고 보고했다. 이런 주요한 차이에도 불구하고, '우울한' 집단에 속한 사람들은 그 비디오의 슬픈 내용이 그들의 의사결정에 아무런 영향을 미치지 '않았다'고 주장했다.

　기분이 우울한 상태는 부지불식간에 재정적으로 나쁜 결정을 내리도록 당신을 이끌 수도 있다. 우리 자신에게 돈을 쓰는 것이 행복의 증진에 큰 도움이 되지는 않겠지만, 어쨌든 이 연구를 통해 알 수 있는 사실이 있다. 물건을 구매하기에 최악의 시점이 우울할 때라는 점이다. 사람들은 자신의 기분이 '최악'일 때 '가장 많은' 지출을 한다. '쇼핑을 통한 기분 전환'은 이제 그만 멈추자.

좋은 경험과 기억을 구매하라

　　가족들과 외식을 하러 나가거나 휴가를 떠나는 등의 '경험'을 위한 돈 쓰기는 우리 자신의 웰빙 수준과 타인의 웰빙 수준을 높여준다. 단순히 돈을 주고 구매한 물건들은 시간이 흐르면 낡아버리지만 경험은 오랫동안 마음속에 남아 있다. 비록 물건을 사고 난 직후에는 기분이 한결 나아질 수도 있겠지만, 연구들에 따르면 물질적인 것들로 인한 만족감은 시간이 흐름에 따라 하락한다.[+]

하지만 즐거운 경험을 위해 돈을 쓸 경우, 우리는 그 일을 기다리며 갖는 기대감과 그날의 실제 경험, 그리고 몇몇 경우에는 수십 년 동안 지속될 즐거운 기억이라는 혜택을 얻는다. 물질적인 것은 그 새로움을 잃지만, '기억들은 머릿속에서 오랫동안 다시 떠올려 체험할 수 있다.' 외식을 하거나 영화를 보러 외출하는 것과 같은 짧은 시간 동안의 경험에 돈을 쓰는 결정은 우리의 웰빙 수준을 높여준다.[+] 사교활동 시간에 대한 욕구를 충족시켜주는 것 이외에도, 시간이 흐름에 따라 이런 결정들에 대한 만족감을 높여주는 좋은 경험에 지갑을 연다면 후회할 확률이 적다.[+]

경제적 웰빙을 충만히 누리는 사람들 중 하나인 수잔(Susan)은 생활비 관리에서 상당히 검소하며 불필요한 구매는 하지 않는다. 하지만 그녀와 남편은 손녀를 데리고 나가 영화를 보여주는 등의 재미있고 기억에 남을 만한 경험에 돈을 쓰는 일만큼은 중요하게 생각한다. 또한 그들은 친구들과 함께 여행을 가기 위해 돈을 모은다. 우리가 수잔과 이야기를 나눴을 때, 그녀와 남편은 또 다른 커플과 크루즈 여행을 가기로 계획하고 있었다. 수잔은 이렇게 말했다.

"우리는 그 부부와 두 번 휴가를 다녀왔고요, 그때마다 함께 정말로 좋은 시간을 보내고 왔어요. 얼마 전 우리 부부가 크루즈 여행을 갈 거라고 말했더니, 그 부부도 함께 가겠다고 하더군요."

수잔은 돈을 지출하는 방식을 설명하면서 물질적 소유물에 초점을 맞추기보다 사회적 행사들에 대한 지출을 더 중요하게 여긴다고 들려주었다.

경험에 돈을 지출하는 것이 오랜 시간 동안 우리의 정신적 즐거움을 제공하여 주기 때문에, 그것은 돈과 웰빙 사이의 상관관계 일부를 설명해줄 수 있다. 연봉 2만 5,000달러 이하를 버는 사람들의 경우, 경험에 쓰는 돈과 물질적 구매는 웰빙에 있어 유사한 이점을 안겨준다.[+] 하지만 소득의 수준이 높아지면 경험에 돈을 쓰는 결정은 물질을 구매하는 것에 비해 웰빙의 수준을 2~3배 높여준다.

우리는 물건과는 달리, 즐거운 기억들에는 지루해하지 않는다. 그리고 물질적인 것들과 달리, 기억과 관련해서는 다른 결정을 내렸어야 했는지의 여부에 대하여 재고하지 않는다. 의미 있는 경험을 구매할 때, 그것은 계속해서 좋은 기억들을 안겨주고 우리가 쓰는 모든 돈에서 더 많이 경험을 구매하고자 하는 패턴으로 옮겨간다.

비교의 딜레마

수년 동안 전통적인 경제학자들은 사람들이 최고의 이익을 가져다주는 합리적 의사결정을 내린다고 가정해왔다. 하지만 상대적으로 새로운 행동경제학은 이와 다른 주장을 펴면서 자신의 주장을 입증해보이고 있다. 다음의 두 시나리오를 살펴보도록 하자. 두 가지 모두 동일한 구매력이 있다고 가정한다면 여러분은 어느 쪽을 선택하겠는가?

A : 주변 사람들이 연간 2만 5,000달러를 버는 동안, 당신은 연봉 5만 달러를 버는 상황.

B : 주변 사람들이 연간 20만 달러를 버는 동안, 당신은 연봉 10만 달러를 버는 상황.

고전적 경제학 모델을 활용한다면 모든 사람이 연봉 5만 달러보다는 10만 달러를 선택해야 마땅하다. 하지만 거의 절반에 이르는 사람들이 연봉 5만 달러의 A를 택하는 것으로 나타났다.[+] 그들은 동료들의 소득과 비교했을 때 절반에 해당하는 소득을 받기로 선택한다. 우리가 벌어들이는 돈의 액수나 살고 있는 집의 규모는, 다른 이들의 소득이나 소유물과 비교해봤을 때 어떠한지에 비하여 행복과의 상관성이 더 적은 것으로 보인다. 이런 현상은 우리가 매일 내리는 의사결정에 영향을 미치고 이것이 현실적인 딜레마를 제기한다.

일례로 당신이 가을에 집을 수리하여 새롭게 테라스를 만들었다고 하자. 이것을 본 이웃이 다음 해 봄, 더 큰 테라스를 만들 경우 당신은 은근히 자부심이 들 수도 있다. 현실적으로 우리는 주변 사람들과 나 자신을 비교하려는 내면의 욕구를 가지고 있다. 특히 가장 확실하거나 가시적인 것들에 대해서는 더욱 그렇다. 하지만 이런 비교를 통해 자신을 계속 규정해나가는 행위는 결코 끝나지 않는 극심한 생존경쟁을 유발한다. 직업적 웰빙과 사회적 웰빙을 높이는 것은 이런 비교의 딜레마를 피해가는 하나의 방법이 될 수 있다.

갤럽은 미국의 직장인들을 임의로 선정해서 자기 급여를 어떻게 생각하는지, 그리고 자신들이 하고 있는 업무에 비해 급여가 적절하다고 생각하는지 물어보았다. 대부분의 사람들이 더 많은 급여를 받아야 한다고 생각했는데, 이는 그리 놀랄 일도 아니다. 하지만 우리가 실제로 연구하고 있었던 것은 그것이 아니다. 우리는 그들이 업무에 얼마나 몰두해 있는지, 그리고 다음 12개월 동안 직장을 그만두게 될 확률이 얼마나 되는지를 알아보고 싶었다.

완전히 동일한 수준의 급여와 업무 책임감을 지닌 상황에서 급여가 적당하다고 생각하는 사람들도 있었고 그렇지 않은 이들도 있었다. 급여에 대한 인식의 차이는 대체로 업무 몰입도에 따라 좌우된다. 높은 직업적 웰빙을 누리는 사람들은 그렇지 않은 사람들보다 동일한 액수의 급여를 훨씬 우호적으로 인식한다. 심지어 그들이 많은 시간을 함께 보내는 그들 자신을 비교해보라고 주문하자, 직업적 웰빙과 사회적 웰빙을 충만히 누리고 있는 사람들은 자신들의 생활 수준에 만족한다고 대답할 확률이 거의 2배 더 높았다.

돈은 쉽사리 계산할 수 있는 것이지만, 그래도 우리 인생에서는 여전히 매우 주관적인 변수다. 만약 당신이 경제적 웰빙을 향상시키고자 한다면, 우선 직업적 웰빙과 사회적 웰빙이 어느 정도나 충만한지 확인해보기 바란다. 당신이 매일 하고 있는 일에서 성취감을 느끼고 당신의 대인관계가 돈독하다면, 이런 비교의 딜레마에 걸려들 가능성이 눈에 띌 만큼 낮아진다. 그리고 비교대상이 될 만한 어떤 이를 따라잡으려는 유혹에 빠지는 일도 크게 줄어들 것이다.

나에게 유리한 쪽으로 비합리성 활용하기

행동경제학 영역에서 나온 연구들은 경제적인 의사결정을 내리는 데 있어 사람들이 보이는 비합리성을 파헤쳐왔다. 또한 연구자들은 사람들이 이처럼 타고난 편견을 어떻게 관리할 수 있는지에 주목하고 있다. 우리의 머릿속에서 이루어지는 계산은 스프레드시트의 항목들만큼 논리적으로 작동하지 않는다. 인간은 학자들이 말하는 '손실회피' 성향을 지닌 존재다. 다시 말해, 이미 갖고 있던 50달러를 잃는 것은 50달러를 벌 때 느

끼는 기쁨보다 훨씬 더 큰 상처가 된다.†

우리는 돈을 절대적이 아닌 상대적인 관점으로 바라본다. 똑같은 50달러라고 해도 우리가 자동차를 구매하는지 아니면 먹는 것에 지불하는지에 따라 달리 해석된다. 길거리에서 우연히 50달러를 줍는 것은 공과금에서 50달러를 깎아주는 것보다 행복함을 더 많이 높여줄 것이다. 동일한 액수임에도 불구하고 말이다.

이런 편향된 성향은 우리가 인식하지 못하더라도 매일같이 작동한다. 아마도 이에 대한 가장 흔한 사례는 신용카드를 사용하는 경우일 것이다. 시카고 대학의 경제학자 리처드 탈러(Richard Thaler)가 설명하듯이, 신용카드는 즉각적인 구매의 즐거움과 조만간 다가올 지불의 고통을 분리하기 때문에 '탈동조화 장치'처럼 작동한다.†

신용카드 회사들과 마케터들은 항상 당장 만족감을 주는 욕구를 자극할 테지만, 현대 기술은 또한 우리에게 유리하게 작동하는 자동화 시스템들을 설정할 능력을 제공해준다. 우리는 세금과 보험료, 연금저축 등이 월급명세서에서 즉각 빠져 나가도록 만들 수 있다. 그리고 나서 남은 월급이 자동적으로 은행계좌에 들어오면, 우리는 사전에 내야 할 것들(주택담보대출, 공과금, 자동차 할부금 등)을 지불하기 위한 시스템도 설정할 수 있다. 심지어 특정 금액이나 저축분을 따로 떼어놓을 수 있도록 구성할 수 있다. 이것은 빚의 부담을 느끼지 않으면서 우리가 필요로 하고 원하는 것들에 돈을 지출할 수 있도록 해준다.

우리는 종종 처음부터 올바른 '원칙'을 설정하는 데 많은 시간을 들이지 않는다. 연금저축에, 특히 세금이 유예되는 연금상품에 돈을 넣어두는 것은 장기적인 재정적 성장과 안정을 위해 현명한 의사결정이다. 하지만 대부분의 사람들은 의식적으로 동의해야 할 경우 연금 플랜에 참여하지 않을 것이다. 연구를 통해 밝혀낸 바에 따르면, 회사가 직원들에게 은퇴 플랜에 참여하라고 노골적으로 요구할 경우 대부분의 직원들이 참여하지 않는다. 하지만 기본적인 원칙(디폴트)상 직원들이 자동적으로 연금에 등록되도록 설정되어 있을 경우에는, 80% 이상의 직원들이 회사의 은퇴 플랜에 참여한다.[+]

긍정적인 원칙(디폴트) 설정하기

긍정적인 디폴트를 유리하게 활용할 수 있는 방법에 관한 사례는 많다. 우리가 경제적 웰빙이 충만한 사람들과 인터뷰했을 때, 일관적이면서 놀라운 패턴이 드러났다. 일반적으로 그들은 전통적 기준으로 봤을 때 '부유한' 상황이 아니었다. 하지만 그들은 욕구를 충족할 만한 충분한 돈을 가지고 있었고, 공과금을 지불하지 못할 걱정으로 인한 스트레스를 참아야 할 필요가 거의 없었다.

시골에서 우편배달을 하는 린다(Linda)는 세심한 돈 관리가 경제적 웰빙으로 이어진다는 점을 설명해주었다.

"나는 한 달에 두 번 월급을 받고 있으며, 그 중 하나를 생활비로 쓴답니다. 그리고 또 다른 월급은 저축을 합니다. 내가 만약 1달러를 번다고 하면 45센트를 쓰고 55센트나 60센트를 저축하는 셈이 되죠. 즉 저는 항상 전체 수입에서 절반이 안 되는 적은 돈으로 생활하고 있어요."

린다는 이 계획을 제대로 지킬 수 있는 디폴트 시스템을 설정해놓았다. 매달 두 차례로 나눠받는 월급 중 하나는 자동적으로 장기저축 계좌에 입금된다. 그녀는 말했다.

"일단 두 번째 월급이 들어오면, 나는 그것을 쳐다보지도 않아요. 돈 쓸 생각을 하기도 전에 저축 계좌로 이체되도록 설정해두었답니다."

심지어 린다는 장기저축 계좌에서 돈을 인출하려면 남동생이 서명을 해야 가능하도록 해놓았다. 이런 전략은 그녀가 불필요하게 돈을 지출하지 않도록 하는 방법이다. 린다는 매달 금전 상태를 평가하기 위해 계좌에 남아 있는 잔고를 늘 눈여겨본다.

린다를 비롯해 경제적 웰빙이 높은 사람들은, 미래의 경제적 풍족함을 얻기 위해서는 올바른 디폴트를 설정할 필요가 있다는 점을 잘 안다. 그들은 대출기관이나 정부 등 다른 이들이 설정한 미니멈 디폴트를 따르는 대신, 재정적 미래에 대해 통제력을 지니고 스스로 책임감을 부여한다. 이런 통제력은 불필요한 채무를 줄이고 부채나 신용카드로 구매한 것들로 인한 스트레스와 죄책감을 완화시키도록 도와준다. 한 번 더 린다의 말을 되새겨볼 필요가 있다.

"내가 원하는 물건이 있을 때에는, 언제든 그것을 살 수 있고 어떠한 죄책감도 없이 그 물건에 돈을 지불할 수 있다는 안정감을 느낍니다."

부의 축적이 잘못된 목표일까?

소득과 채무, 그리고 순자산은 전반적인 재정건전성을 평가하기 위해 활용하는 가장 일반적인 매트릭스다. 하지만 경제적 웰빙을 충만히 누리고 있는 사람들은 부를 측정하는 이런 절대적 기준들 대신에 일반적인 경제적 안정감과 걱정 없는 상태에 대해서 말한다. 그래서 우리가 인터뷰했던 사람들의 소득 수준을 살펴본 후 경제적 웰빙의 핵심 요인들에 관한 심층 분석을 진행했다.[+]

조사 결과 알아낸 것은 경제적 안정감—당신이 하고 싶은 일들을 언제라도 할 수 있을 만큼 충분한 돈을 가지고 있다는 인식—은 소득이라는 단일 요인이 전반적인 웰빙에 미치는 영향력보다 3배 높은 영향력을 지닌다는 점이다. 또한 돈 걱정이 없는 상태는 전반적인 웰빙에서 소득이 미치는 영향력보다 2배 이상의 영향력을 지닌다.

서점에 가보면 부자가 되는 방법에 관한 조언이 넘쳐나고, 대부분의 재정적 조언자들은 금전적 수익을 기초로 정보를 제공한다. 그러나 이와 같은 접근방식은 잘못된 결과물을 목표로 삼고 있는지도 모를 일이다. 물론 미래를 위해 돈을 저축하고 투자수익을 극대화하는 일은 매우 중요하다. 하지만 부의 축적이라는 하나의 결과만 제시하는 조언은 우리를 잘못된 길로 인도할 수도 있다.

오로지 이 목표 하나에만 초점을 맞추는 것은 심지어 행복의 수준을 낮출 수도 있다. 많은 돈을 벌지만 재정적으로 안정감을 느끼지 못하는 사람들이 수없이 많다. 그들은 정기적으로 돈에 대해서 걱정을 하고, 이는 다시 그들의 웰빙 수준을 훼손시킨다. 반대로 소득이 비록 조금 낮지만 재정적으로 안정감을 느끼고 돈에 대해 거의 걱정을 하지 않는 사람들도 많이 있다. 이는 두말 할 것도 없이 그들의 웰빙, 행복 수준을 한층 높여준다.

스트레스를 최소화하는 데 투자하라

경제적 웰빙을 충만히 누리고 있는 사람들은 자신의 생활 수준에 만족해하고, 일상생활 속에서 돈 걱정을 하지 않으며, 재정적 미래에 대한 확신이 있다. 우리가 이런 사람들로부터 알아낸 사실이 있다. 재정적 안정감은 소득에 상관없이 누구나 확보할 수 있으며 실제로도 그렇다는 점이다.

로버트는 직업이 목사이며 고차원적인 경제적 웰빙을 누리며 산다. 그는 '상상을 초월한' 집에서 어떻게 살고 있는지 설명했다. 그리고 그는 멋진 캠핑카를 사기에 충분한 돈이 있었고, 덕분에 그의 가족은 마음껏 여행을 다닐 수 있었다. 로버트는 이렇게 말했다.

"우리가 할 수 있는 것에는 한계가 없는 것 같아요. 내가 목사의 길로 들어섰던 40년 전에 누군가가 나에게 지금처럼 훌륭한 삶을 영위하리라고 말했다면 나는 그 사람이 미쳤다고 생각했을 겁니다."

로버트는 돈을 현명하게 투자함으로써 이 모든 일들이 가능한 것으로 만들었다. 그는 장기적인 측면에서 어떻게 투자를 해야 할지에 관해 정기적으로 재정전문가에게 조언을 받았고 세무사인 자신의 아버지로부터 도움을 받았다. 로버트를 비롯해 경제적 웰빙을 충만히 누리고 있는 사람들에게서 밝혀지듯이, 그들은 적당한 금액의 돈으로 엄청난 즐거움을 느낄 수 있었고 높은 수준의 리스크와 부채에 따르는 지불 불능에 대한 스트레스가 없었다.

  금융계의 많은 전문가들은 주택 마련 대출금을 조기에 모두 상환하지 말라고 조언하곤 한다. 수익과 세금공제가 더 줄기 때문이다. 하지만 우리가 인터뷰했던 몇몇 사람들은 그런 통상적인 조언에 반대 의견을 제시했다. 그들이 선택한 방법이 많은 부를 축적하는 가장 좋은 선택이기 때문이 아니라, 그런 방법이 일상적인 만족감을 안겨주고 빚더미에 올라앉지 않아도 된다는 편안한 기분을 제공하기 때문이라는 것이었다. 그리고 몇몇 금융 전문가들은 포트폴리오상에 주식의 비중이 높아야 한다고 주장하곤 하지만, 경제적으로 충만한 웰빙을 누리는 사람들은 그렇게 생각하지 않았다. 그들은 전문가들의 조언과 잠재적인 높은 수익을 무시하고, 주식시장이 매일 어떻게 변동하는지 걱정할 필요가 없는 좀 더 보수적인 전략을 택했다.

  부를 축적하는 전략이 매일같이 스트레스를 유발한다면, 잠재적인 수익은 무의미하다. 만일 주택이나 승용차와 같은 목돈이 들어가는 구매가 불편함을 제공하는 빚의 부담을 지운다면, 당신의 전반적인 행복에서 볼 때, 그것은 좋은 영향을 미치기보다 더 많은 해를 입히기가 쉽다. 간단히 말해, 재정상태를 잘 관리해나간다면 당신이 원하는 '것'을 원하는 '시점'에 할 수 있도록 해준다.

경제적 웰빙의 핵심들

경제적 웰빙이 충만한 사람들은 대체로 자신의 생활 수준에 만족해한다. 그들은 재정적 안정감을 느낄 수 있도록 재정을 잘 관리한다. 이것은 부채로부터 비롯되는 스트레스를 없애주고 재정적 보유고를 구축하도록 도와준다. 그들은 돈을 현명하게 사용할 줄 알며, 오랜 시간 동안 지속될 좋은 기억을 얻기 위해 돈을 쓴다. 또한 그들은 타인에게 베풀 줄 알며 그들 자신에게만 돈을 사용하지 않는다. 이렇듯 돈을 지혜롭게 관리한 덕분에 그들은 가장 함께하고픈 사람들과 훨씬 많은 시간을 보낼 자유를 누린다.

경제적 웰빙을 높이기 위한 세 가지 조언

1. 친구 또는 사랑하는 사람과 함께 외출하거나 휴가를 떠나는 것과 같은 경험에 돈을 써라.
2. 물질을 소유하기 위해서만이 아닌, 타인을 위해서도 돈을 써라.
3. 매일 돈에 관한 걱정을 하는 상황을 줄여주는 디폴트 시스템(자동화 지불 및 저축)을 구축하라.

Chapter 3 Reference

98 좀 더 부유한 나라의 시민은 보다 높은 웰빙 수준을 누리며 산다.

: Deaton, A. (2008). Income, health, and well-being around the world: Evidence from the Gallup World Poll. *Journal of Economic Perspectives, 22, 2.*

웰빙의 경제학 수치는 1인당 GDP와 캔트릴 셀프-앵커링 스트라이빙 등급(Cantril Self-Anchoring Striving Scale)에 기초해 각국 응답자들이 매긴 점수 사이의 상관관계를 잘 보여준다. 캔트릴 등급은 조사 대상자들에게 0부터 10까지 숫자가 매겨진 계단을 상상해보라고 한 후, 현 시점에서 자신이 어떤 계단에 오르게 되리라고 생각하는지 각자 점수를 매기도록 한 것이다. 0은 향후 가능한 최악의 인생을 말하고 10은 최고의 인생을 의미한다. 1인당 GDP를 로그로 전환하면, 웰빙(캔트릴 등급으로 평가한 인생)과 소득 사이의 상관관계는 0.84가 된다. 이는 소득이 2배가 될 때마다 전반적인 웰빙에 1점씩 추가된다는 의미다. 스티븐슨과 볼퍼스가 추가로 실시한 분석도 이런 결과를 확증해주었고 "더 부유한 국가들이 주관적 웰빙에 있어 추가적인 증가가 전혀 없는 지점인 포화점의 증거를 찾아내지 못했다." 그들은 또한 대부분의 국가에서 소득과 웰빙 사이에 일대일 대응관계가 있다는 점을 알아냈고 경제성장과 웰빙 사이에도 양의 상관관계가 있음을 밝혀냈다. 이 분석 결과를 토대로 더 높은 소득이 높은 웰빙을 누릴 가능성을 높여준다고 추론할 수 있다. 좀 더 심층적인 연구는 다양한 종류의 웰빙과 소득, 그것들의 상이한 관계를 구분해서 진행했다. 그 연구결과가 시사하는 바에 따르면, 매일의 경험과 감정에 대한 소득의 상관관계는 인생 전반에 대한 평가와 소득과의 관계보다 덜 강력하다. 따라서 소득은 일상적인 경험이나 기분보다 인생에 대한 평가와 더 큰 관련이 있다.

Stevenson, B., & Wolfers, J.(2008 September). *Economic growth and subjective well-being: Reassessing the*

Easterlin paradox. CESifo Working Paper No. 2394, CESifo Group.

Diener, E., Kahneman, D., Arora, R., Harter, J., & Tov, W.(2009). Income's differential influence on judgments of life versus affective well-being. In A. C. Michalos(Ed.), *Social indicators research series: vol. 39. Assessing well-being: The collected works of Ed Diener*(pp. 233−246). London, UK: Springer.

100 예를 들어 아프리카 대륙 전체를 대상으로 한 연구에서 56%의 사람들은 지난 1년 사이에 가족이 '배고픔에 시달렸던' 적이 있었다고 대답했다.
: 아메리카 대륙의 경우 그 수치는 16%다. 아시아 대륙은 9%의 사람들이 가족 중 누군가가 굶주려본 경험이 있다고 응답했으며, 유럽의 경우에는 겨우 3%만이 그런 적이 있다고 답했다.

101 하버드 대학 연구팀은 자신에게 쓰는 돈과, 다른 이들에

게 쓰는 돈, 그리고 그들의 행복에 관한 설문조사를 실시했다. 그 결과 자신에게 돈을 쓰는 것이 웰빙 수준을 높여주지 않는다는 점을 알아냈다. 하지만 다른 이들에게 돈을 쓰는 행동은 웰빙 수준을 높여주었고, 이런 행위는 그들이 벌어들이는 돈의 총 액수만큼이나 행복에 중요한 영향을 미치는 것으로 밝혀졌다.

: Dunn, E. W., Aknin, L. B., & Norton, M. I.(2008). Spending money on others promotes happiness. *Science, 319*(5870), 1687−1688.

102 우울한 기분은 그렇지 않을 때보다 스스로에게 '훨씬 더 많은' 돈을 쓰도록 만들 수 있다.

: Sadness may encourage more extravagance.(2008, February 8). *The New York Times*. Retrieved September 4, 2009, from http://www.nytimes.com

104 비록 물건을 사고 난 직후에는 기분이 한결 나아질 수도 있겠지만, 연구들에 따르면 물질적인 것들로 인한 만족감은 시간이 흐름에 따라 하락한다.

: Carter, T. J., & Gilovich, T.(2010). The relative relativity of material and experiential purchases. *Journal of Personality and Social Psychology, 98*(1), 146—159.

104 외식을 하거나 영화를 보러 외출하는 것과 같은 짧은 시간 동안의 경험에 돈을 쓰는 결정은 우리의 웰빙 수준을 높여준다.
: Van Boven, L., & Gilovich, T.(2003). To do or to have? That is the question. *Journal of Personality and Social Psychology, 85*(6), 1193—1202.

104 사교활동 시간에 대한 욕구를 충족시켜주는 것 이외에도, 시간이 흐름에 따라 이런 결정들에 대한 만족감을 높여주는 좋은 경험에 지갑을 연다면 후회할 확률이 적다.
: Carter, T. J., & Gilovich, T.(2010). The relative relativity of material and experiential purchases. Journal of Personality and Social Psychology, 98(1), 146—159.

105 연봉 2만 5,000달러 이하를 버는 사람들의 경우, 경험에

쓰는 돈과 물질적 구매는 웰빙에 있어 유사한 이점을 안 겨준다.

: Van Boven, L., & Gilovich, T.(2003). To do or to have? That is the question. *Journal of Personality and Social Psychology, 85*(6), 1193—1202.

107 하지만 거의 절반에 이르는 사람들이 연봉 5만 달러의 A를 더 택하는 것으로 나타났다.

: Solnick, S. J., & Hemenway, D.(1998). Is more always better?: A survey on positional concerns. *Journal of Economic Behavior & Organization, 37*(3), 373—383.

109~110 이미 갖고 있던 50달러를 잃는 것은 50달러를 벌 때 느끼는 기쁨보다 훨씬 더 큰 상처가 된다.

: Thaler, R. H.(1999). Mental accounting matters. *Journal of Behavioral Decision Making, 12*(3), 183—206.

110 시카고 대학의 경제학자 리처드 탈러(Richard Thaler)가 설명하듯이, 신용카드는 즉각적인 구매의 즐거움과 조만간 다

가올 지불의 고통을 분리하기 때문에 '탈동조화 장치'처럼 작동한다.

: Thaler, R. H. (1999). Mental accounting matters. *Journal of Behavioral Decision Making, 12*(3), 183-206.

111 연구를 통해 밝혀낸 바에 따르면, 회사가 직원들에게 은퇴 플랜에 참여하라고 노골적으로 요구할 경우 대부분의 직원들이 참여하지 않는다. 하지만 기본적인 원칙(디폴트)상 직원들이 자동적으로 연금에 등록되도록 설정되어 있을 경우에는, 80% 이상의 직원들이 회사의 은퇴 플랜에 참여한다.

: Nessmith, W. E., Utkus, S. P., & Young, J. A.(2007, December). *Measuring the effectiveness of automatic enrollment*. Retrieved September 22, 2009, from the Vanguard Center for Retirement Research Web site: https://institutional.vanguard.com/VGApp/iip/site/institutional/researchcommentary/article?File=EffectivenessAutoEnrollment

기업들은 직원들이 안정적인 경제적 미래를 준비하도록 돕기 위해 자동 등록을 특징으로 하는 연금 플랜 쪽으로 급속도로 움직이고 있다. 2003년에만 해도 401(k) 플랜의 겨우 8%만이 자동으로 등록되었다. 2007년까지 이 수치는 전체 기업들 중 36%까지 증가했으며 대기업들 중에는 51% 이상까지 높아졌다.

114 그래서 우리가 인터뷰했던 사람들의 소득 수준을 살펴본 후 경제적 웰빙의 핵심 요인들에 관한 심층 분석을 진행했다.

: 우리가 진행했던 연구의 일환으로 연간 소득을 비롯한 각 개인의 경제적 웰빙에 대한 수많은 질문을 던졌다. 전 세계 설문조사, 즉 월드 폴(World Poll)이 수집한 이전의 자료들을 통해, 소득이 분명 행복에 중요하지만 불완전한 역할을 수행한다는 사실을 알게 되었다. 그래서 우리는 돈 걱정과 경제적 안정감에 영향을 미치는 연간 소득의 정도를 알아보고자 연구를 진행했다. 이를 위해 연간 소득의 상대적 중요성과 돈 걱정, 경제적 안정감을 살펴보고자 회귀분석을 실시했다. 회귀분석은 연구자들로 하여

금 교육 수준과 나이, 성별 또는 지위와 같은 다른 변수들을 통제한 상태에서 각각의 변수들이 특정 사안에 독립적으로 기여하는 정도를 알아볼 수 있도록 해주는 분석수단이다.

WELLBEING FINDER

Career Wellbeing

Community Wellbeing

Chapter 4
육체적 웰빙
Physical Wellbeing

◆ ◆ ◆

기름에 튀긴 음식의 섭취가 향후 심장마비 위험을 30% 더 높인다는 사실을 단순히 알고 있는 것만으로는 단기적 의사결정을 변화시키지 못한다. 이미 흡연과 폐암 사이의 상관관계가 밝혀진 지 오래지만, 아직도 수백만 명의 사람들이 담배를 끊지 못하는 것과 마찬가지로, 어떤 음식이 우리 몸에 해로운지에 관한 기본적인 인식만으로는 당뇨병이나 비만을 치유하지 못할 것이다. 올바른 라이프스타일을 몸에 익히기 위해서는 나쁜 식습관과 몸을 많이 움직이지 않는 게으름이 어떤 부정적인 영향을 주는지 이해할 필요가 있다. 단기적 인센티브들 사이의 상관관계가 우리로 하여금 매순간 완벽히 긍정적인 결정을 내리도록 할 수 있다는 점을 깨닫게 되면, 좀 더 장기적인 측면의 목표까지 이르는 데 많은 도움이 된다.

◆ ◆ ◆

Physical Wellbeing
절제와 자기관리, 그리고 운동으로 에너지를 채워 넣어라!

우리는 먹고 마시는 모든 일 앞에서 선택의 기로에 선다. 이때 우리 몸에 '완전히 긍정적이고 유익한' 음식을 택할 수도, 반대로 '순전히 부정적인' 음식을 택할 수도 있다. 우리는 하루에도 수백 번씩 이와 같은 결정의 순간과 마주한다. 만약 우리가 바람직한 선택을 한다면(예를 들어 브로콜리를 곁들인 연어를 주문하는 것), 더 좋은 기분으로 그날 남은 시간을 보낼 수 있고 장기적으로는 당뇨병, 심장질환, 암 등에 걸릴 확률도 크게 줄어든다. 반면에 순전히 부정적인 선택을 한다면(예를 들어 치즈버거와 감자튀김을 주문하는 것), 그날 하루 남은 시간 동안 활력이 떨어지고 장기적으로는 혈당의 수치 및 콜레스테롤 수치가 높아질 수 있다.

새로운 연구가 제시하는 바에 따르면, 포화지방이 높은 한 끼의 식사는 신체와 두뇌로 충분한 혈액을 실어 나르는 동맥의 능력을 떨어뜨린다.[+] 뉴욕 대학의 제럴드 와이스만(Gerald Weissmann) 박사에 따르면, '고지방 식사로 인한 더부룩함'은 신체 기능을 떨어뜨리고 두뇌활동을 손상시킨다고 한다.[+] 또한 올란도에서 진행된 한 연구에 따르면, 오랫동안 핫도그와 감자튀김, 피자를 먹으면서 보낸다면 비록 입은 즐겁겠지만 근육과 두뇌에 이상 현상이 생길 수 있다고 경고한다.

적당히 자고 운동을 하면서 좋은 음식과 나쁜 음식을 동시에 택한다면, 우리 몸은 평형 상태에 더 가까워진다. 하지만 밤에 숙면을 취하고 열심히 운동을 함과 동시에, 먹고 마시는 것에 대해서도 완전히 긍정적인 선택이 눈에 띄게 많아진다면, 우리의 몸은 훨씬 효과적으로 기능할 것이 분명하다. 사람들은 하루를 보내면서도 모닝커피에 크림을 추가할지 말지, 오후 간식으로 먹는 패스트리에 스낵을 추가할지 말지, 그리고 저녁이 되면 달달한 소다를 먹을지 물을 마실지에 대한 선택 중에서 부정적인 결정을 내리곤 한다. 즉 이런 결정들이 우리 몸에 해롭다는 사실을 너무나 잘 알고 있음에도 불구하고 많은 선택에서 부정적인 결정을 내리는 것이다. 기름에 튀긴 음식의 섭취가 향후 심장마비 위험을 30% 더 높인다는 사실을 단순히 알고 있는 것만으로는 단기적 의사결정을 변화시키지 못한다.[+] 이미 흡연과 폐암 사이의 상관관계가 밝혀진 지 오래지만, 아직도 수백만 명의 사람들이 담배를 끊지 못하는 것과 마찬가지로, 어떤 음식이 우리 몸에 해로운지에 관한 기본적인 인식만으로는 당뇨병이나 비만을 치유하지 못할 것이다.

올바른 라이프스타일을 몸에 익히기 위해서는 나쁜 식습관과 몸을 많이 움직이지 않는 게으름이 어떤 부정적인 영향을 주는지 이해할 필요가 있다. 단기적 인센티브들 사이의 상관관계가 우리로 하여금 매순간 완벽히 긍정적인 결정을 내리도록 할 수 있다는 점을 깨닫게 되면, 좀 더 장기적인 측면의 목표까지 이르는 데 많은 도움이 된다. 사실 완전히 긍정적이거나, 반대로 순전히 부정적인 의사결정은 수년에 걸쳐 우리 생활 속에서 진행되어 삶을 형성한다. 매일 하루하루를 살면서 완전히 긍정적인 결정을 더 많이 내릴 수만 있다면, 대를 이어서도 이런 결정이 여러분 자녀들에게까지 지속될 수 있다는 사실을 기억하기 바란다.

나쁜 유전자 잠재우기

간혹 병원에 가면, 의사들로부터 듣게 되는 질문이 있다. 심장질환, 암, 기타 가족력에 관한 상세한 질문이 그것이다. 의사들은 유전적 요인이 여러분 미래의 건강을 예측하는 한 가지 방법이라는 사실을 잘 알기 때문에 이런 질문을 던진다. 어떤 유전자들은 좀 더 건강한 상태를 유지하도록 돕고 아울러 특정 건강 문제들을 피해가도록 해주는 반면에, 어떤 것들은 광범위한 질병에 우리를 노출시켜 취약하게 만든다.

유전자가 가진 영향력을 감안한다면, 건강의 수많은 부분이 우리 통제권에서 벗어나 있다고 느끼기가 쉽다. 결국 우리는 유전자를 바꾸거나 DNA를 재배치할 수 없다. 그러나 새로운 연구가 밝혀낸 바에 따르면, 우리는 유전자의 발현을 통제할 수는 있다. 따라서 비록 우리가 만성질환에 취약한 유전자를 몸 안에 지니고 있더라도, 그런 유전자의 발현을 증폭시키거나 잠재우기 위해 우리가 할 수 있는 일들이 있다. 한 연구는 전립선암에 걸릴 확률을 높이는 특정 유전자를 가진 사람들이 매주 일정량의 브로콜리를 섭취함으로써 이 유전자의 발현을 눈에 띌 정도로 억제시킬 수 있었음을 밝혀냈다.[+] 우리는 일정 수준까지 건강에 영향을 미치는 유전자의 증폭이나 억제를 통제할 수 있다. 심지어 다음 세대로 유전되는 것에도 영향을 미칠 수 있다.

다음 세대를 위한 유전자 보호

과학자들은 수년 동안 생물학적 특질이 세대를 통해 전달되는 유일한 방법이 유전자라고 생각해왔다. 하지만 이런 인식은 잘못된 사실이라는 것이 밝혀지고 있다. 반면 생물학자들은 일생 동안 일어나는 건강상의 문제가 자녀뿐만 아니라 '미래 세대들'에게도 전이될 수 있다는 점을 밝혀냈다. 이렇게 새로 밝혀진 현상은 '후성유전학(epigenetic inheritance)'이라는 이름으로 널리 알려졌고, 이는 우리가 생각하는 것보다 주변에서 훨씬 더 흔히 볼 수 있다.[+] 예를 들어 연구들이 시사하는 바에 따르면, 당신이 청소년기에 영양실조 상태였다면, 당신의 자녀와 손자가 심장질환과 당뇨병에 취약할 수 있다. 동물실험을 살펴보면 후성적 변화가 특정 종들에게서 몇 대를 이어 나타나는 현상이 추적되었다. 몇 시간, 몇 주, 몇 달 동안 건강을 향상시키기 위한 노력에 주의를 기울이는 것만큼이나 당신의 라이프스타일 선택들 또한 자녀와 손자의 건강에 영향을 줄 수 있다는 점을 기억해야 할 것이다.

당신의 기분을 위한 음식

우리가 먹는 음식은 건강과 일상적 경험 및 수명에 커다란 영향을 미친다. 예를 들어 6만 명의 여성을 대상으로 한 연구는 지방분이 많은 생선을(대표적인 예로 연어) 매주 1회 이상 먹는 것이 신장암에 걸릴 위험을 74%까지 줄여준다는 것을 밝혀냈다.+ 이것은 지방분이 높은 생선에 오메가-3 지방산이 많이 함유되어 있기 때문일 확률이 높다. 오메가-3 지방산은 각종 암과 알츠하이머와 같은 인지력 퇴보와 심장질환, 그리고 여러 가지 질병을 예방하는 것으로 알려져 있다.+ 다른 연구들은 얼마나 많은 정도의 오메가-3가 우울증의 증상을 완화시키고 충동을 억제하며, 일상에서의 기분을 증진시켜 주는지의 여부를 밝혀내기도 했다. 우리 선조들은 오메가-6(육류와 식물성 지방에 함유) 대 오메가-3(생선, 견과류, 씨앗류에 함유)의 비율을 2:1로 유지했다. 서구 국가들에서 그 비율은 오늘날 10:1로 치솟았다. 2009년에 실시한 한 연구는 오메가-6지방산 대 오메가-3지방산의 섭취율을 조사했는데, 이것은 오메가-3의 섭취가 염증과 천식, 당뇨병 및 관절염을 줄여주는 이유를 설명해줄 수 있을 것이다.[+]

이 실험에서 연구팀은 식생활이 생리적 변화를 일으키는지의 여부를 알아보고자 건강한 사람들에게 선조들의 식습관(2:1)에 따라 통제된 식단을 만들어 먹도록 했다. 그리고 연구 결과 염증과 자기면역 질환, 알레르기 반응들을 활성화시키는 여러 가지 주요 유전자가 이런 식단의 변화로 인해 겨우 5주 사이에 확연히 줄어들었음을 밝혀냈다.

과학자들은 우리가 평생 먹는 음식의 선택이 몸에 어떤 영향을 주는지에 대하여 많은 것들을 밝혀내고 있다. 가령 음식의 선택과 공복감에 대한 연구결과가 있다. 흔히 알고 있는 대로라면 위가 비었을 때 배고픔을 느끼는 것으로 생각하기 쉽지만 사실은 그렇지 않을 수도 있다. 오히려 우리가 먹는 음식이 우리 몸을 속여서 더 많은 지방분을 필요로 한다고 생각하도록 만들고, 그래서 악순환을 촉발시킬 수도 있다. 탄수화물과 당분이 많이 함유된 식사를 하면, 이것이 식욕조절 세포들을 손상시켜 우리의 몸이 당장 더 많은 음식을 필요로 하지 않음에도 불구하고 더 많은 음식을 섭취하라고 뇌에 메시지를 보낸다.[+] 이는 전형적인 식습관상 당분과 탄수화물 함량이 높은 문화들에서, 특히 왜 음식 섭취량이 통제력을 벗어나 마구 치솟는지에 대한 이유를 설명할 수 있을 것이다. 아보카도와 견과류, 올리브오일에 함유된 건강에 분명히 좋은 (불포화)지방들은 '정반대' 메시지를 전달하고 우리 뇌에 먹는 것을 '멈추라는' 신호를 보낸다.[+] 우리 뇌는 '감자튀김을 조금만 먹는 건 괜찮을 거야'라고 인식한다. 즉 단기적으로 볼 때 크게 '해가 안 되는' 스낵들에 대해서 긴장의 끈을 놓도록 하는 것이다. 그러나 우리 뇌의 판단이나 명령과 달리 분명한 진실은 한 줌의 견과류나 신선한 채소가 몸에 더욱 바람직한 결과를 가져다줄 것이란 점이다.

경고를 하나 하자면, 모든 채소가 우리 몸에 좋은 예방 효과를 제공하는 건 아니다. 일정량의 브로콜리 섭취가 전립선암을 방지해준다고 밝혀낸 연구에서, 그 연구팀은 브로콜리 대신 완두콩을 섭취하도록 통제한 집단을 추적, 조사했다. 브로콜리를 섭취한 집단과 비교해볼 때, 12달 동안 매주 1회씩 완두콩을 섭취한 집단은 유전자 발현에서 큰 변화를 보이지 않았다.[+]

식료품점에서 어떤 음식이 가장 좋은지 고르는 간단한 방법은 붉고 푸른 색깔이 선명한 과일과 채소를 찾는 것이다. 사과,

토마토, 딸기, 라즈베리, 붉은고추, 칠리고추와 석류 등은 진하고 선명한 붉은 색을 띠어야 좋다. 브로콜리와 아스파라거스, 아티초크, 시금치, 새싹채소, 상추, 아루굴라, 콜라드, 케일이나 근대 등의 채소는 짙은 녹색을 띤 것을 고르기 바란다. 블루베리와 블랙베리, 양배추, 포도 등은 짙은 보라색이어야 좋다.

사람들이 종종 별다른 생각 없이 섭취하는 순전히 부정적인 음식들 중 토핑과 드레싱, 스낵과 음료 등을 유심히 살펴보는 것도 중요하다. 이런 음식들은 대개 칼로리가 높고 당분과 지방이 많이 함유되어 있다. 자칫 완전히 긍정적인 메인 코스를 순전히 부정적인 식사로 급속히 바뀌버릴 수도 있다. 핵심은 식사 때마다 더욱 건강한 음식을 선택하는 지혜와 절제다. 이런 음식들은 활력 수준을 높여주고 오랜 시간 동안 배고픔을 억제해준다.

하루 종일 상쾌함을 유지시켜 주는 20분 운동

조사 결과 생각보다 많은 사람들이 충분한 운동을 하지 않는 것으로 나타났다. 우리가 연구했던 사람들 중 겨우 38%만이 운동을 꾸준히 하고 있거나 활발한 육체활동을 해본 적이 있다고 대답했다. 우리가 심층적으로 설문조사한 40만 명의 미국인들 중 오직 27%만이 권장 운동량인 주당 5일간 30분 정도의 운동을 하고 있었다.+ 그러나 적어도 1주일에 2일 동안 운동하는 사람들은 더 행복하고 스트레스 지수 역시 크게 낮아진다. 뿐만 아니라 행복함과 낮은 스트레스 등의 유익함은 운동하는 횟수가 늘어날수록 증가한다. 우리는 특정 한 주 동안 운동 일수를 하루씩 늘릴 때마다—최소 6일까지, 그 이상은 수확체감의 법칙이 작용한다— 에너지 수준이 계속 증진된다는 점을 알아냈다.+ 최근 연구에서 밝혀진 바에 따르면, 단지 하루 20분 동안의 운동으로도 운동을 끝낸 후 몇 시간 동안 기분을 좋게 만드는 것으로 나타났다.+ 연구진은 적당한 운동량만큼 자전거를 탔던 참가자들과 운동을 전혀 하지 않은 다른 집단을 관찰했다. 딱 20분 동안 운동을 한 사람들은 운동을 전혀 하지 않은 사람들과 비교했을 때 2, 4, 8, 12시간 뒤에도 즐겁고 상쾌한 기분이 계속 유지되고 있었다.+

메이요 클리닉(Mayo Clinic)이 발표했듯이, "에너지의 부족은 나이가 아니라 활동을 하지 않는 데에서 비롯된다." 20분 내지 30분 정도의 운동 시간조차 확보되지 않는 날에는 그저 11분간 역기 운동만 해도 신진대사율이 높아지는 것으로 나타났다. 이는 당연히 우리 몸속에 쌓인 지방을 연소시키는 데에 도움이 된다.[+] '어떤' 운동이든 간에 아예 운동을 하지 않는 것보다는 분명히 낫다.

"너무 피곤하다고요?" 지금이 바로 운동을 할 최적의 시간입니다

쉽게 납득할 수 없겠지만 피곤을 몰아내는 가장 좋은 방법 중 하나가 운동을 통한 해소법이다. 사실 많은 사람들이 운동을 못하겠다는 핑계로 너무 피곤하다는 점을 내세우곤 하지만, 사실 바로 그때가 운동을 거르기에는 최악의 시간이다. 70차례 이상의 종합적 분석에서 밝혀진 바에 따르면, '운동은 피로회복을 위한 처방약보다 피로를 해소하는 데 훨씬 효과적'이다.[+] 이 연구는 건강한 성인에서부터 암환자, 당뇨병 및 심장질환과 같은 만성적 질병을 앓고 있는 사람들에 이르기까지 거의 모든 이들이 운동을 통해 도움을 얻을 수 있다는 사실도 알아냈다.

사람들이 규칙적으로 운동을 하는 주된 이유들 가운데 하나는 그들 자신과 외모에 대해 더욱 좋은 느낌이 들도록 해주고, 이것이 그들의 자신감을 높여주기 때문이다.[+] 당신이 지금 당장 운동하기로 마음을 먹었다면, 육체적으로 매력적인 '내일'을 느낄 가능성은 2배 이상 높아진다. 매력적인 기분을 느끼는 것은 단지 우리의 자존감을 위해서만 중요한 것이 아니다. 컬럼비아 대학의 연구진은 신체 이미지에 대한 우리의 심리적 인식이 체질량 지수(body mass index, BMI)와 같은 객관적 수치들만큼이나 중요할 수 있음을 밝혀냈다.+

좋은 운동 습관을 들이거나 육체적 웰빙을 향유하는 데에는 나이 제한이 없다. 현재 88세인 데이브에게 '비슷한 또래의 노인들이 일상적으로 할 수 있는 일들을 하지 못하도록 방해하는 건강상 문제가 있느냐?'고 묻자 확신에 찬 목소리로 '없다'고 대답했다. 데이브는 별다른 육체적 불편함도 전혀 없다고 말한다. 아마도 이는 그가 매일 아침 6시에 일어나 장거리 산책을 하고 스스로 마당을 가꾸고 집을 수리하며, 자녀들을 위해 정기적으로 물건들을 고쳐주기 때문일 것이다. 데이브는 이렇게 말했다.

"나는 늘 바쁘게 지냅니다. 틈틈이 독서도 하고 작은 컴퓨터도 하나 갖고 있는데 그것을 잘 활용합니다. 뇌를 비롯해 몸에 붙어 있는 모든 장기들을 사용하지 않는다면, 기분이나 컨디션이 좋을 수 없습니다."

데이브는 은퇴 후 직장생활 때만큼 출장을 자주 다니지는 않지만, 지금도 친구들과 1년에 몇 차례씩 해외로 나가 골프라운딩을 즐긴다. 그는 산책 말고도 매일같이 30분 동안 열심히 운동을 한다. 그러고 나서 하루에 최소 10분에서 12분간 추가로 스트레칭을 한다. 데이브는 88세의 고령임에도 불구하고 육체적으로 늘 최상의 상태를 느끼며 외모에도 상당한 자신감을 가지고 있다. 우리는 그의 건강관리 방법에 대해 의사가 뭐라고 하느냐고 물었다. 그러자 데이브는 "의사가 지금처럼 운동을 쉬지말라고 조언하더군요!"라고 기분 좋게 대답했다.

당신의 하루를 재가동시키는 버튼, 수면

건강한 식습관과 규칙적인 운동과 더불어 수면은 육체적 웰빙에 핵심 역할을 한다. 우리는 숙면의 중요성을 연구하기 위하여 다음 날까지 깨지 않고 푹 자는(또는 그런 수면이 부족한) 수면의 영향을 추적하는 실험을 했다. 잠자리에 들기 전에는 비록 짜증이 났지만 숙면을 취한 사람들은 다음 날 아침과 낮 시간 동안 평균 이상의 컨디션을 보였다. 반면 하루를 마감하는 시점에는 기분이 좋았으나 잠자는 시간이 부족했던 사람들의 경우, 기분이 보통으로 떨어졌으며 다음 날 예민해질 가능성이 더 높았다. 밤에 숙면을 취하는 것은 재가동 버튼을 누르는 것과 같다. 그것은 전날 생겼던 스트레스 유발인자들을 말끔히 없애준다. 그다지 좋지 않은 하루를 보냈더라도, 밤 사이 충분한 수면을 취한다면 다음 날 활기찬 하루를 시작할 수 있다. 이렇듯 충분한 숙면은 하루 종일 활력 넘치는 생활을 할 수 있도록 해준다.

그러나 사람들은 해마다 잠이 점점 부족해지고 있다. 현대인들의 주중 평균 수면시간은 6.7시간인 것으로 나타났다.[+] 이는 많은 사람들이 권장 수면시간인 7~8시간보다 부족한 잠을 잔다는 의미다. 그 결과 몸이 움직임이 둔해지고, 집중력이 떨어지며, 건망증이 생기고, 형편없는 의사결정을 내리며, 몹시 예민해진다. 이 모든 결과는 수면 부족에서 나타난 결과라고 말할 수 있다.

자는 동안에도 쉼없이 움직이는 뇌

수면은 단지 충분한 휴식을 취한 상태를 유지해주는 것 이상의 큰 역할을 한다. 우리 뇌는 잠이 들어 있을 때 더욱 활발해진다. 사실 뇌의 학습은 잠자고 있는 동안 가속화되는 것으로 보인다. 과학자들은 우리가 깨어 있을 때보다 잠이 들어 있을 때 좀 더 효과적으로 학습하고 연관을 짓는다는 점을 밝혀내고 있다.[+] 수면은 우리 뇌가 하루 전에 배운 것들을 처리하도록 해준다. 결과적으로 우리는 밤에 충분한 수면을 취했을 때 전날 알게 된 것들을 더욱 잘 기억할 확률이 높다.

2004년에 있었던 한 연구는 수면의 중요성과 그것이 어떻게 우리 두뇌가 매일 알게 된 것들을 정신적으로 일목요연하게 정리하도록 도움을 주는지 잘 설명한다.[+] 이 실험을 주도한 독일의 연구팀은 복잡한 절차를 이용하여 특정 유형의 수학문제 풀이방법을 가르쳐주었다. 연구팀은 실험에 참가한 사람들에게 100번 정도 특정 문제를 연습하라고 주문했다. 그러고 나서 실험 참가자들은 각자 뿔뿔이 흩어졌고 12시간 후 다시 모이기로 했다. 다시 모인 자리에서 참가자들은 수학문제 풀이를 200번 더 연습하라고 지시받았다. 그런데 연구팀이 실험 참가자들에게 말하지 않은 것이 있었다. 그 문제를 푸는 훨씬 쉬운 방법이 있다는 사실이다. 실험에 참가한 사람들 대부분은 시간이 흐르면서 더욱 쉬운 풀이방법을 스스로 찾아냈다. 쉬운 풀이방법을 찾아낸 사람들은 공통적으로 충분한 수면을 취했다는 점이 주목할 만하다. 이처럼 수면은 때때로 문제해결의 결정적 요인을 제공해준다. 실험이 진행되는 동안 충분한 숙면을 취한 참가자들은 그렇지 못한 사람들보다 쉬운 풀이방법을 찾아낼 확률이 2.5배 더 높았다. 이 연구는 잠을 자고 있는 뇌가 실제로 어떻게 문제를 풀어내는지 밝혀냈다. 비록 그 사람이 풀어야 할 문제가 있다는 것을 미처 깨닫지 못했더라도 말이다.

수면은 우리가 하루 중에 배운 것과 경험한 것을 종합하도록 도와준다. 우리가 잠자는 동안에도 뇌는 쉬지 않는다. 뇌는 우리가 깨어나기 전까지 단편적인 사실에서 어떤 결론을 도출하는 작업을 수행한다. 그리고 수면은 깨어 있는 동안 많은 애를 쓰며 결론을 얻으려고 하는 것보다 더욱 효과적으로 긍정적인 결과를 제공할 가능성이 높다. 따라서 밤에 푹 자는 것은 '다음 날' 가뿐히 일어나는 데 도움이 된다는 점뿐만 아니라, '전날' 알게 된 정보를 인코딩하는 데에도 역시 중요하다는 점을 잊지 말기 바란다.

적정 수면시간

매일 밤마다 적정량의 수면을 취한다는 것이 사실 쉽지

않은 일이다. 많은 연구가 알려주는 바에 따르면―건강, 기억력, 외모, 웰빙 측면에서 이루어진 연구들― 잠을 통해 최적의 도움을 얻으려면 매일 7~8시간 정도의 수면이 필요하다. 연구자들은 짧은 수면시간(5~6시간)과 긴 수면시간(9~10시간) 모두 문제가 될 수 있다는 점을 알아냈다.

한 연구에서 밝혀진 바로는 수면시간이 짧은 사람들과 긴 사람들 모두 건강상 문제를 겪는다고 한다. 수면이 부족한 사람들은 상당한 정도의 체중 증가를 경험할 가능성이 35% 높았고, 수면시간이 긴 사람들은 상당한 정도로 체중이 증가할 가능성이 25% 더 높다는 점이 한 연구에서 밝혀졌다.[+] 이것은 아마도 호르몬 불균형―불면의 밤에 의해 야기된―에 기인한 것으로 보이며 호르몬의 불균형은 실제로 다음 날 식욕이 당기도록 만든다.[+] 시간이 흐를수록 수면의 부족은 또한 제2형 당뇨병(type 2 diabetes)과 사망 위험을 높이는 것으로 나타난 바 있다.[+]

7시간 이하의 수면은 면역체계에도 부담이 된다. 2009년의 한 조사에 따르면, '7시간 이하로 잠자는 사람들은 최소 8시간 수면을 취하는 사람들에 비해 감기에 걸릴 확률이 3배가량' 높았다. 따라서 수면시간을 30분이나 1시간만 추가해도 웬만한 감기에 걸리지 않을 뿐만 아니라 건강 유지에도 많은 도움이 된다.[+]

건강을 위한 긍정적인 원칙들

'사전에' 올바른 선택을 한다면 단기적인 욕구를 적절히 제압할 수 있는 삶으로 변한다. 예컨대 슈퍼마켓에서 늘 건강한 선택을 할 수만 있다면, 매일 저녁 냉장고를 열면서 느끼는 충동적인 음식섭취 욕구를 조절할 수도 있다. 점심식사 장소를 어디로 할지 등의 사소한 결정을 내릴 때에도 우리가 선택하는 식당이 식당에서 주문하는 음식보다 더욱 중요할 수 있다. 메뉴에 나와 있는 해로운 음식의 유혹을 잘 참아낼 수 있다고 말하는 사람은 10명 중 1명도 채 안 된다. 만약 패스트푸드 식당에 가기로 결정한다면, 처음부터 건강에 해로운 길로 빠져들 수밖에 없다. 패스트푸드점에도 건강에 이로운 메뉴가 몇 있기는 하지만, 사람들은 이런 메뉴를 거들떠보지도 않는다. 한 연구에서 밝혀진 바에 따르면, 메뉴판에 비교적 건강에 도움이 되는 음식이 소개된 것만으로도(가령, 샐러드를 곁들이는 것) 실제로 샐러드를 곁들이는 사항이 '없는' 메뉴에 비해 건강에 나쁜 선택(감자튀김을 곁들이는 것)을 하게 될 확률이 3배나 높다.[+] 즉 햄버거집에서 건강에 좋은 샐러드를 메뉴에 추가할 경우, 이는 우리가 점심을 먹으러 그곳에 가는 핑계거리를 제공하지만 그곳에 도착하면—비록 샐러드를 먹으러 거기에 간다고 스스로에게 말하겠지만— 우리들 대부분은 유혹에 굴복하고 햄버거와 감자튀김을 주문한다.

그러나 건강에 유익한 음식을 주로 제공하는 식당에서 점심을 먹기로 결정했다면, 어쨌든 좋은 결정을 내릴 확률이 높아지게 마련이다. 또는 영양분이 골고루 섞인 점심을 집에서 미리 준비하여 직장에 가져간다면, 단기적 욕구가 더 강력해질 확률을 피해갈 수도 있다. 식료품점에서 건강에 좋은 음식들을 구입하는 결정들, 그리고 우리 내면 속 충동들을 되도록 멀리하면 할수록, 매순간 건강에 좋은 결정을 내릴 가능성은 분명히 높아진다.

건강의 경제학

육체적 웰빙의 측면들 중에서 많은 관심을 받지 못하는 부분은 건강을 잃음으로써 소요되는 육체적·경제적 비용이다. 이는 분명 개인과 사회 모두에 막대한 영향력을 준다. 세계 인구 중 25% 정도가 엄청난 육체적 고통에 시달리고 있다고 한다. 이들은 다른 사람들이 일상적으로 하는 평범한 일들조차 못하는 건강문제에 시달리고 있다. 즉 '육체적 고통 때문에 오늘 하고자 하는 일들을 하지 못하는 사람들이 지구상에 15억 명 정도 된다.' 심지어 미국과 같은 선진국에서조차, 놀랍게도 그 비율은 전 세계 평균치와 유사하게 나타난다.[+]

순전한 육체적 고통 말고도 그 경제적 비용도 충격적이다. 예를 들어 미국의 경우 건강관리 비용은 전체 경제 규모에서 16%를 차지하며 향후 10년 동안 국내총생산(GDP)의 20%에 이를 전망이다. 1999년 미국 내 한 가정의 보험료는 대략 5,700달러였다. 2009년 현재 그 비용은 1만 3,000달러 이상으로 치솟았고, 추정에 따르면 2018년 무렵에는 2만 5,000달러에 이를 것이라고 한다.

너무 많은 미국인들에게, 건강을 잃게 되는 것은 육체적 문제일 뿐만 아니라 경제적 부담이기도 하다. 미국 국민들 세 명 중 두 명 정도는 치솟는 의료비용 때문에 곤란한 지경에 빠져 있거나, 필요한 치료를 받지 못한 채 그냥 살아가거나, 충분한 보험 혜택을 받지 못하거나, 보험에 전혀 들지 못하고 있다. 하버드대학의 한 연구에 따르면, 2007년 미국에서 발생한 전체 개인파

산 중 62%가 의료비 지출로 인한 원인을 가지고 있었다.[+]

미국의 경우 현행 건강관리 체계하에서는 대부분의 사람들이 그들의 고용주를 통해 의료 혜택을 받는다. 이 비용들은 국민 모두가 함께 부담한다. 따라서 대부분의 미국인들은 자신의 건강관리 비용뿐 아니라 동료들의 공동 의료비 지출에 대한 비용도 지불하고 있는 셈이다. 이 시스템하에서 추정치들이 보여주는 바에 따르면, 건강한 미국인들이 덜 건강한 라이프스타일을 영위하는 동료들 때문에 연간 1,464달러의 세금을 추가로 지불하고 있는 중이다.[+] 또 다른 연구들은 미국의 건강관리 지출 전체의 '절반 이상'이 그 인구의 고작 5%에 의해 소비된다는 점을 밝혀낸 바 있다.

게다가 의료비의 75%는 대체로 예방 가능한 요인에서 기인한다(스트레스, 흡연, 운동 부족, 나쁜 식습관). 한편 미국의 비만인구 비율은 전 세계에서 가장 높은 수준이다(몇몇 나라들은 3~4%의 비만율을 보인다). 미국인들이 흡연을 사회적 네트워크의 맨 구석으로 내몰았던 것처럼 비만의 확산 현상을 뒤바꿀 수 있다면, 사회적·경제적 영향력은 상당할 것이다. 만약 미국인들 개개인이 건강한 라이프스타일을 영위한다면 어마어마한 돈을 절약할 수 있다.

당신이 어느 나라에서 살고 있든 상관없이 가장 고무적이라고 할 만한 것은 건강한 라이프스타일 변화의 속도가 대부분의 만성질환 예방까지도 향상시킬 수 있다는 점이다. 예를 들어 제2형 당뇨병을 연구한 연구진은 사람들에게 더 건강한 식사를 하도록 함으로써 처방약품의 복용을 43%까지 줄이는 가운데, 글루코스, 트리글리세리드, 콜레스테롤을 현저히 낮출 수 있었음을 알아냈다. 겨우 4개월 반 만에 말이다.[+] 그리고 앞서 언급했듯이, 건강에 이로운 음식들로 적절한 균형이 잡힌 식생활을 실천한다면 단 5주 만에 염증과 알레르기를 일으키는 유전자의 발현을 억제할 수 있다는 점도 밝혀졌다. 이것은 라이프스타일의 변화가 종종 며칠, 몇 주, 몇 달 사이에 어떤 유익함을 가져다줄지 잘 알려준다.

육체적 웰빙의 핵심들

육체적 웰빙에서 높은 수준을 느끼며 사는 사람들의 경우 공통적으로 건강을 효과적으로 관리한다. 그들은 규칙적으로 운동하고 하루 종일 좋은 기분으로 살아간다. 그들은 좋은 식생활 선택을 하는데, 이런 결정은 에너지를 하루 종일 높게 유지해주며 두뇌활동이 활발해지도록 돕는다. 또 그들은 충분한 숙면을 취함으로써 푹 쉬었다는 기분을 느끼고 잠에서 깨어나 전날 알게 된 정보들을 처리한다―그리고 다음 날을 상쾌하게 시작한다. 육체적 웰빙의 수준이 높은 사람들은 얼굴색이 좋아 보이고 나아가 늘 좋은 기분을 느끼면서 살아가기 때문에 오래 살 확률이 높다.

육체적 웰빙을 높이기 위한 세 가지 조언

1. 하루 최소 20분간 운동하라. 가장 이상적인 방법은 하루 종일 좋은 기분이 유지되도록 오전에 운동하는 것이다.
2. 푹 쉬었다는 느낌이 들 정도로 수면을 푹 취하되(일반적으로 7~8시간), 너무 오랫동안(9시간 이상) 자는 것도 삼가라.
3. 슈퍼에서 음식을 살 때 긍정적인 디폴트를 설정하라. 짙은 붉은 색과 녹색을 띤 천연식품을 구매하라.

Chapter4 Reference

132   새로운 연구가 제시하는 바에 따르면, 포화지방이 높은 한 끼의 식사는 신체와 두뇌로 충분한 혈액을 실어 나르는 동맥의 능력을 떨어뜨린다.

: Murray, A. J., Knight, N. S., Cochlin, L. E., McAleese, S., Deacon, R. M. J., Rawlins, N. P., et al.(2009). Deterioration of physical performance and cognitive function in rats with short-term high-fat feeding[Electronic version]. *The FASEB Journal, 23*, 1–8.

132   뉴욕 대학의 제럴드 와이스만(Gerald Weissmann) 박사에 따르면, '고지방 식사로 인한 더부룩함'은 신체 기능을 떨어뜨리고 두뇌활동을 손상시킨다고 한다.

: 'High-fat hangover': Eating fatty foods lowers memory function in brains, bodies.(2009, August 14). *Daily News*. Retrieved December 19, 2009, from http://www.

nydailynews.com

Murray, A. J., Knight, N. S., Cochlin, L. E., McAleese, S., Deacon, R. M. J., Rawlins, J. N. P., et al.(2009). Deterioration of physical performance and cognitive function in rats with short-term high-fat feeding[Electronic version]. *The FASEB Journal, 23*, 1—8.

Nicollas, S. J., Lundman, P., Harmer, J. A., Cutri, B., Griffiths, K. A., Rye, K., et al.(2006). Consumption of saturated fat impairs the anti-inflammatory properties of high-density lipoproteins and endothelial function. *Journal of the American College of Cardiology, 48*(4), 715—720.

Winocur, G., & Greenwood, C. E.(2005). Studies of the effects of high fat diets on cognitive function in a rat model. *Neurobiology of Aging, 26*(1), 46—49.

133   기름에 튀긴 음식의 섭취가 향후 심장마비 위험을 30%

더 높인다는 사실을 단순히 알고 있는 것만으로는 단기적 의사결정을 변화시키지 못한다.

: Iqbal, R., Anand, S., Ounpuu, S., Islam, S., Zhang, X., Rangarajan, S., et al.(2008). Dietary patterns and the risk of acute myocardial infarction in 52 countries: Results of the INTERHEART study. *Circulation, 118*(19), 1929—1937.

134~135 한 연구는 전립선암에 걸릴 확률을 높이는 특정 유전자를 가진 사람들이 매주 일정량의 브로콜리를 섭취함으로써 이 유전자의 발현을 눈에 띨 정도로 억제시킬 수 있었음을 밝혀냈다.

: 이 연구결과가 시사하는 바는, 매주 십자화과의 채소들(예를 들면 브로콜리나 콜리플라워)을 약간 섭취해주는 것만으로도 세포신호의 경로를 바꿈으로써 유전자의 발현에 엄청난 영향을 미칠 수 있다는 점이다. 정보는 이런 신호 경로들을 통해 전달되는데, 이것은 유전자의 발현이 일어나는 세포핵에 그 신호를 더 많이 보내도록 만들 수 있다.

Traka, M., Gasper, A. V., Melchini, A., Bacon, J. R., Needs,

P. W., Frost, V., et al.(2008). Broccoli consumption interacts with GSTM1 to perturb oncogenic signalling pathways in the prostate[Electronic version]. *PLoS ONE, 3*(7), e2568, 1—14.

135   이렇게 새로 밝혀진 현상은 '후성유전학(epigenetic inheritance)'이라는 이름으로 널리 알려졌고, 이는 우리가 생각하는 것보다 주변에서 훨씬 더 흔히 볼 수 있다.
: Jablonka, E., & Raz, G.(2009). Transgenerational epigenetic inheritance: Prevalence, mechanisms, and implications for the study of heredity and evolution. *The Quarterly Review of Biology, 84*(2), 131—176.

136   예를 들어 6만 명의 여성을 대상으로 한 연구는 지방분이 많은 생선을(대표적인 예로 연어) 매주 1회 이상 먹는 것이 신장암에 걸릴 위험을 74%까지 줄여준다는 것을 밝혀냈다.
: Wolk, A., Larsson, S. C., Johansson, J., & Ekman, P.(2006). Long-term fatty fish consumption and renal cell carcinoma incidence in women. *Journal of the American*

Medical Association, *296*(11), 1371—1376.

136 오메가-3 지방산은 각종 암과 알츠하이머와 같은 인지력 퇴보와 심장질환, 그리고 여러 가지 질병을 예방하는 것으로 알려져 있다.
: El-Mesery, M. E., Al-Gayyar, M. M., Salem, H. A., Darweish, M. D., & El-Mowafy, A. M.(2009 April 2). Chemopreventive and renal protective effect for docosahexaenoic acid(DHA): Implications of CRP and lipid peroxides. *Cell Division, 4*(6). Retrieved December 20, 2009, from http://www.celldiv.com/content/pdf/1747-1028-4-6.pdf

Freund-Levi, Y., Eriksdotter-Jonhagen, M., Cederholm, T., Basun, H., Faxen-Irving, G., Garlind, A., et al.(2006). w-3 fatty acid treatment in 174 patients with mild to moderate Alzheimer disease: OmegaAD study. *Archives of Neurology*, 63, 1402—1408.

Mayo Clinic. (2007). The Power of 3. Mayo Clinic Health Letter, 25(8), 6.

137   2009년에 실시한 한 연구는 오메가-6지방산 대 오메가-3 지방산의 섭취율을 조사했는데, 이것은 오메가-3의 섭취가 염증과 천식, 당뇨병 및 관절염을 줄여주는 이유를 설명해줄 수 있을 것이다.
: Weaver, K. L., Ivester, P., Seeds, M., Case, L. D., Arm, J. P., & Chilton, F. H. (2009). Effect of dietary fatty acids on inflammatory gene expression in healthy humans. *The Journal of Biological Chemistry, 284*(23), 15400−15407.

가장 최신의 연구에 따르면, 육류 섭취를 최소화하고 저지방, 저탄수화물로 구성된 식사를 하는 것이 장기간의 건강 유지에 가장 좋은 방법인 것으로 보인다. 육류를 많이 포함한 저탄수화물과 고지방으로 구성된 식단으로 체중을 줄일 수는 있지만, 이런 식습관은 LDL, 즉 '나쁜 콜레스테롤'이 증가하는 부작용이 뒤따른다. 최근의 연구들에서 밝혀진 바에 따르면, 동물의 근육에서 얻은 육류는 일반적으로 다량의 포화지방과 콜레스테롤을 함유하고 있으며, 나쁜 콜레스테롤을 증가시키는 주범이 될 가능성이 높다.

Jenkins, D. J. A., Wong, J. M. W., Kendall, C. W. C., Esfahani, A., Ng, V. W. Y., Leong, T. C. K., et al.(2009). The effect of a plant-based low carbohydrate ("Eco-Atkins") diet on body weight and blood lipid concentrations in hyperlipidemic subjects. *Archives of Internal Medicine, 169*(11), 1046−1054.

137~138 오히려 우리가 먹는 음식이 우리 몸을 속여서 더 많은 지방분을 필요로 한다고 생각하도록 만들고, 그래서 악순환을 촉발시킬 수도 있다. 탄수화물과 당분이 많이 함유된 식사를 하면, 이것이 식욕조절 세포들을 손상시켜 우리의 몸이 당장 더 많은 음식을 필요로 하지 않음에도 불구하고 더 많은 음식을 섭취하라고 뇌에 메시지를 보낸다.
: Kirchner, H., Gutierrez, J. A., Solenberg, P. J., Pfluger, P. T., Czyzuk, T. A., Willency, J. A., et al.(2009). GOAT links dietary lipids with the endocrine control of energy

balance. *Nature Medicine. 15*(7), 741−745.

Andrews, Z. B., Liu, Z-W., Wallingford, N., Erion, D. M., Borok, E., Friedman, J. M., et at.(2008). UCP2 mediates ghrelin's action on NPY/AgRP neurons by lowering free radicals. *Nature, 454*(7206), 846−851.

138   아보카도와 견과류, 올리브오일에 함유된 건강에 분명히 좋은 (불포화)지방들은 '정반대' 메시지를 전달하고 우리 뇌에 먹는 것을 '멈추라는' 신호를 보낸다.
: Schwartz, G. J., Fu, J., Astarita, G., Li, X., Gartani, S., Campolongo, P., et al.(2008). The lipid messenger OEA links dietary fat intake to satiety. *Cell Metabolism, 8*(4), 281−288.

138   브로콜리를 섭취한 집단과 비교해볼 때, 12달 동안 매주 1회씩 완두콩을 섭취한 집단은 유전자 발현에서 큰 변화를 보이지 않았다.
: Traka, M., Gasper, A. V., Melchini, A., Bacon, J.R., Needs, P. W., Frost, V., et al.(2008). Broccoli consumption interacts

with GSTM1 to perturb oncogenic signaling pathways in the prostate[Electronic version]. *PLoS ONE, 3*(7), e2568, 1—14.

그 연구진은 이 결과가 영양분이 덜 풍부한 채소들〈예를 들어 완두콩, 아이스버그 레터스(상추과), 오이〉과 십자화과의 채소들 〈예를 들어 브로콜리, 콜리플라워, 새싹채소, 양배추〉 간의 차이 때문이라고 보고 있다. 브로콜리와 같은 이른바 '수퍼 푸드'의 섭취는 호흡을 편안하게 하는 데에도 도움을 줄 수 있다. UCLA 대학의 의료진이 수행한 한 연구에서 밝혀진 바에 따르면, 한 주간 7온스의 브로콜리 새싹을 세 차례 섭취한 사람들의 경우 콧속에서 노화방지 성분을 만들어내는 단백질의 생성이 200%까지 증가했다. 이 결과는 그런 음식들을 섭취하는 것이 알레르기나 대기오염, 기타 호흡기 질환에서 연유하는 염증을 방지해줄 수 있다는 점을 시사한다.

Champeau, R.(2009, March 2). Broccoli may help protect against respiratory conditions like asthma. Retrieved September 23, 2009, from UCLA Newsroom Web site:

http://newsroom.ucla.edu/portal/ucla/broccoli-may-protect-against-81667.aspx

139~140 우리가 연구했던 사람들 중 겨우 38%만이 운동을 꾸준히 하고 있거나 활발한 육체활동을 해본 적이 있다고 대답했다. 우리가 심층적으로 설문조사한 40만 명의 미국인들 중 오직 27%만이 권장 운동량인 주당 5일간 30분 정도의 운동을 하고 있었다.

: Mendes, E.(2009, May 26). In U. S., *nearly half exercise less than three days a week*. Retrieved September 23, 2009, from Gallup Web site: http://www.gallup.com/poll/118570/Nearly-Half-Exercise-Less-Three-Days-Week.aspx

당신의 주간 운동량은 얼마나 되십니까?	
18세 이상 성인의 주간 운동량	
매주 5일 이상 운동(150분 이상)	27%
매주 3~4일 운동(90~120분)	24%
매주 3일 이하 운동(90분 이하)	49%

2008년 5월 1일부터 2009년 4월 30일까지 조사한 인터뷰 취합 자료
출처: 갤럽·헬스웨이스 웰빙 지수.

140 우리는 특정 한 주 동안 운동 일수를 하루씩 늘릴 때마다—최소 6일까지, 그 이상은 수확체감의 법칙이 작용한다— 에너지 수준이 계속 증진된다는 점을 알아냈다.
: Pelham, B. W.(2009, November 3). *Exercise and well-being: A little goes a long way*. Retrieved November 19, 2009, from Gallup Web site: http://www.gallup.com/poll/124073/Exercise-Little-Goes-Long.aspx

갤럽·헬스웨이스 웰빙 지수는 운동의 효과가 어느 정도까지 오래 지속될 수 있는지 알아보았다. 1주일에 단 하루도 운동하지 않았다고 말하는 사람들과 비교해볼 때, 매주 꾸준히 하루나 이틀 정도 최소한 30분간 운동을 했다고 응답한 사람들은 비만이 될 확률이 낮다. 매주 5일이나 6일간 운동했다고 응답한 사람들의 경우 비만이 될 확률은 거의 절반까지 줄어든다. 이 결과는 갤럽·헬스웨이스 웰빙 지수의 일환으로 2009년에 실시된 25만 명 이상을 대상으로 한 인터뷰에서 도출되었다. 흥미롭게도 이 데이터에 따르면, 매주 7일간 운동하는 경우 체중 감량과 전반적인 웰빙 모두에 대해 역효과를 볼 수도 있다.

지난 한 주간 운동한 날의 수	비만율
전혀 하지 않았음	35%
1~2일	28%
3~4일	23%
5~6일	19%
7일	20%

비만의 정도는 응답자들이 신장과 체중을 활용해 표준 체질량지수(BMI)로 각자 측정해서 직접 보고한 자료를 활용했다. 30 이상의 BMI 수치는 '비만'으로 분류되었다.
출처: 갤럽·헬스웨이스 웰빙 지수.

140 최근 연구에서 밝혀진 바에 따르면, 단지 하루 20분 동안의 운동으로도 운동을 끝낸 후 몇 시간 동안 기분을 향상시킬 수 있는 것으로 나타났다.

: Hellmich, N. (2009, June 2). Good mood can run a long time after workout[Electronic version]. *USA TODAY*. Retrieved September 23, 2009, from http://usatoday.com

140 딱 20분 동안 운동을 한 사람들은 운동을 전혀 하지 않은 사람들과 비교했을 때 2, 4, 8, 12시간 뒤에도 즐겁고 상쾌한 기분이 계속 유지되고 있었다.

: 다른 연구들이 밝혀낸 바에 따르면, 하루 최소 30분간의

적당한 운동이 장기간 건강을 유지하는 데 큰 효과를 준다. 규칙적인 운동은 좋은 콜레스테롤의 수치를 높이고, 혈압을 낮춰주며, 제2형 당뇨병을 예방하고, 체중 증가를 막아주며, 뼈의 건강을 유지시켜주고, 특정 종류의 암을 예방하며, 면역체계를 강화시키고, 우울과 불안감을 해소시켜주며, 숙면을 돕는다. 기분을 좋게 해주는 단기적인 효과 이외에도, 운동은 스트레스를 낮춰주고 활력과 정력을 높여주는 효과가 있다.

Mayo Clinic.(2008). Moderate exercise. *Mayo Clinic Health Letter, 26*(1), 1—3.

140~141 20분 내지 30분 정도의 운동 시간조차 확보되지 않는 날에는 그저 11분간 역기 운동만 해도 신진대사율이 높아지는 것으로 나타났다. 이는 당연히 우리 몸속에 쌓인 지방을 연소시키는 데에 도움이 된다.
: Kirk, E. P., Donnelly, J. E., Smith, B. K., Honas, J., LeCheminant, J. D., Bailey, B. W., et al.(2009). Minimal resistance training improves daily energy expenditure and

fat oxidation. *Medicine & Science in Sports & Exercise, 41*(5), 1122—1129.

141   70차례 이상의 종합적 분석에서 밝혀진 바에 따르면, '운동은 피로회복을 위한 처방약보다 피로를 해소하는 데 훨씬 효과적'이다.
: Puetz, T. W., O'Connor, P. J., & Dishman, R. K.(2006). Effects of chronic exercise on feelings of energy and fatigue: A quantitative synthesis. *Psychological Bulletin, 132*(6), 866—876.

141   사람들이 규칙적으로 운동을 하는 주된 이유들 가운데 하나는 그들 자신과 외모에 대해 더욱 좋은 느낌이 들도록 해주고, 이것이 그들의 자신감을 높여주기 때문이다.
: Krucoff, C., & Krucoff, M.(2000). Peak performance: How a regular exercise program can enhance sexuality and help prevent prostate cancer. *American Fitness, 19*(6), 32—36.

Penhollow, T. M., & Young, M.(2004, October 5). Sexual desirability and sexual performance: Does exercise and fitness really matter? *Electronic Journal of Human Sexuality, 7*. Retrieved September 23, 2009, from http://www.ejhs.org/volume7/fitness.html

142 컬럼비아 대학의 연구진은 신체 이미지에 대한 우리의 심리적 인식이 체질량 지수(body mass index, BMI)와 같은 객관적 수치들만큼이나 중요할 수 있음을 밝혀냈다.
: Muenning, P., Jia, H., Lee, R., & Lubetkin, E.(2008). I think therefore I am: Perceived ideal weight as a determinant of health. *American Journal of Public Health, 98*(3), 501−506.

144 그러나 사람들은 해마다 잠이 점점 부족해지고 있다. 현재 주중 평균 수면시간은 6.7시간인 것으로 나타났다.
: WB&A Market Research.(2009). *2009 sleep in America poll: summary of findings*. Retrieved September 23, 2009, from the National Sleep Foundation Web site:

http://www.sleepfoundation.org/article/sleep-america-polls/2009-health-and-safety

145　과학자들은 우리가 깨어 있을 때보다 잠이 들어 있을 때 좀 더 효과적으로 학습하고 연관을 짓는다는 점을 밝혀내고 있다.
: Stickgold, R., & Wehrwein, P.(2009, April 18). Sleep now, remember later. *Newsweek*. Retrieved September 23, 2009, from http://www.newsweek.com

145　2004년에 있었던 한 연구는 수면의 중요성과 그것이 어떻게 우리 두뇌가 매일 알게 된 것들을 정신적으로 일목요연하게 정리하도록 도움을 주는지 잘 설명한다.
: Stickgold, R., & Ellenbogen, J. M. (2008, August). Sleep on it: How snoozing makes you smarter. *Scientific American Mind*, Retrieved September 23, 2009, from http://www.scientificamerican.com/article.cfm?id=how-snoozing-makes-you-smarter

147 　　수면이 부족한 사람들은 상당한 정도의 체중 증가를 경험할 가능성이 35% 높았고, 수면시간이 긴 사람들은 상당한 정도로 체중이 증가할 가능성이 25% 더 높다는 점이 한 연구에서 밝혀졌다.

: Chaput, J. P., Despres, J. P., Bouchard, C., & Tremblay, A. (2008). The association between sleep duration and weight gain in adults: A 6-year prospective study from the Quebec family study. *Sleep, 31*(4), 517—523.

147 　　이것은 아마도 호르몬 불균형—불면의 밤에 의해 야기된—에 기인한 것으로 보이며 호르몬의 불균형은 실제로 다음 날 식욕이 당기도록 만든다.

: Motivala, S. J., Tomiyama, A. J., Ziegler, M., Khandrika, S., & Irwin, M. R. (2009). Nocturnal levels of ghrelin and leptin and sleep in chronic insomnia. *Psychoneuroendocrinology, 34*(4), 540—545.

147 　　시간이 흐를수록 수면의 부족은 또한 제2형 당뇨병(type 2 diabetes)과 사망 위험을 높이는 것으로 나타난 바 있다.

: American Academy of Sleep Medicine(2009, June 11). Link found between poor sleep quality and increased risk of death. *ScienceDaily*. Retrieved July 10, 2009, from http://www.sciencedaily.com/release/2009/06/090610091240.htm

University of Chicago Medical Center(2008, January 2). Lack of sleep may increase risk of type 2 diabetes. *ScienceDaily*. Retrieved December 21, 2009, from http://www.sciencedaily.com/releases/2008/01/080101093903.htm

147 따라서 수면시간을 30분이나 1시간만 추가해도 웬만한 감기에 걸리지 않을 뿐만 아니라 건강 유지에도 많은 도움이 된다.
: Cohen, S., Doyle, W. J., Turner, R., Alper, C. M., & Skoner, D. P.(2003). Sociability and susceptibility to the common cold. *Psychological Science*, 14(5), 389−395.

National Heart, Lung, and Blood Institute.(2006, April). *In brief: Your guide to healthy sleep*(National Institutes of Health Publication No. 06-5800). Retrieved September 24, 2009, from http://nhlbi.nih.gov/health/public/sleep/healthysleepfs.htm

148 한 연구에서 밝혀진 바에 따르면, 메뉴판에 비교적 건강에 도움이 되는 음식이 소개된 것만으로도(가령, 샐러드를 곁들이는 것) 실제로 샐러드를 곁들이는 사항이 '없는' 메뉴에 비해 건강에 나쁜 선택(감자튀김을 곁들이는 것)을 하게 될 확률이 3배나 높다.
: Wilcox, K., Vallen, B., Block, L., & Fitzsimons, G. J.(2009). Vicarious goal fulfillment: When the mere presence of a healthy option leads to an ironically indulgent decision. *Journal of Consumer Research, 36*(3), 380-393.

150 심지어 미국과 같은 선진국에서조차, 놀랍게도 그 비율은 전 세계 평균치와 유사하게 나타난다.

: 월드 폴(World Poll)은 미국 국내의 15세 이상 성인 46만 3,933명을 대상으로 직접 인터뷰와 전화 인터뷰를 통해 2005년 6월부터 2009년 10월에 걸쳐 실시되었다. 이 조사 집단에 기초한 결과들은 오차범위 0.1%포인트 내에서 95%의 정확도를 지닌다. 연간 1,000명의 샘플 집단을 기초로 조사한 개별 국가들의 경우에는 오차 범위 3.1%포인트 내에서 95%의 정확도를 지닌다.

갤럽·헬스웨이스 웰빙 지수는 미국 내 18세 이상 성인 70만 명 이상을 대상으로 일반전화와 휴대전화로 인터뷰를 진행한 자료이며 2008년 1월 2일부터 2009년 12월 30일까지 실시되었다. 이 조사집단에 기반한 결과들은 오차 범위 0.2%포인트 이내에서 95%의 정확도를 지닌다.

150~151 하버드 대학의 한 연구에 따르면 2007년 미국에서 발생한 전체 개인파산 중 62%가 의료비 지출로 인한 원인을 가지고 있었다.

: Himmelstein, D. ., Thorne, D., Warren, E., & Woolhandler, S.(2009). Medical bankruptcy in the United States, 2007:

Results of a national study. *The American Journal of Medicine, 122*(8), 741—746.

151   이 시스템하에서 추정치들이 보여주는 바에 따르면, 건강한 미국인들이 덜 건강한 라이프스타일을 영위하는 동료들 때문에 연간 1,464달러의 세금을 추가로 지불하고 있는 중이다.

: Thompson, D., Brown, J. ., Nichols, G. ., Elmer, P. ., & Oster, G.(2001). Body mass index and future healthcare costs: A retrospective cohort study. *Obesity Research, 9*(3), 210—218.

Centers for Medicare & Medicaid Services. (2009). *National health expenditure projections 2008—2018: Forecast summary and selected tables.* Retrieved January 8, 2010, from http://www.cms.hhs.gov/nationalhealthexpenddata/03_nationalhealthaccountsprojected.asp

152   예를 들어 제2형 당뇨병을 연구한 연구진은 사람들에게 더 건강한 식사를 하도록 함으로써 처방약품의 복용을 43%까지 줄이는 가운데, 글루코스, 트리글리세리드, 콜레스테롤을 현저히 낮출 수 있었음을 알아냈다. 겨우 4개월 반 만에 말이다.

: Barnard, N. D., Cohen, J., Jenkins, D. J. A., Turner-McGrievy, G., Gloede, L., Jaster, B., et al.(2006). A low-fat, vegan diet improves glycemic control and cardiovascular risk factors in a randomized clinical trial in individuals with type 2 diabetes. *Diabetes Care*, 29(8), 1777−1783.

WELLBEING FINDER

Career Wellbeing

Community Wellbeing

Chapter 5
커뮤니티 웰빙
Community Wellbeing

◆◆◆

베푸는 행위는 받는 사람에게나 주는 사람 모두에게 분명 좋은 일이다. 심리학자들은 적십자의 이런 주장이 사실인지의 여부를 알아보기 위하여 실험을 실시했다. 실험에 참가한 사람들은 헌혈을 하기 '전'과 '후'에 기분이 좋아졌다는 경험을 보고해왔다. 커뮤니티 웰빙의 가장 높은 자리에 위치하는 것이 사회에 대한 환원이다. 이것이 단순히 좋은 삶과 정말로 우수한 삶을 차별화해주는 요소일 것이다. 웰빙 수준이 높다고 생각하는 사람들에게 '살면서 가장 훌륭한 기여가 무엇이었는지'를 묻자, 그들은 다른 사람이나 단체, 지역사회에 끼친 영향이라고 응답했다. 이렇게 대답한 사람들은 그들 자신보다 더 큰 어떤 것에 상당한 기여를 했을 뿐만 아니라, 지역사회에 대한 참여율이 높은 것으로 나타났다.

◆◆◆

Community Wellbeing
지역사회에 적극 참여하고 틈틈이 봉사하라!

커뮤니티 웰빙은 사람들의 웰빙 수준을 평가할 때 가장 먼저 떠올리는 사안은 아니다. 그러나 이 테마는 분명 좋은 삶과 훌륭한 삶을 가늠해주는 차별화 요인 중 한 가지다. 커뮤니티 웰빙은 몇 가지 기초적인 것들로부터 시작된다. 우리가 매일 마시는 물이나 숨 쉬는 공기의 질에 대하여 깊이 고민해 보았는가. 사실 우리는 이런 문제를 두고 많은 고민을 하지 않는다. 그러나 이처럼 기본적인 욕구들이 충분히 확보되지 않는다면 시간이 흐를수록 엄청난 불안함이 나타날 수 있다. 어둑해진 밤거리를 혼자 걸으면서도 안전함을 느끼고, 상해나 폭행을 당하지 않을 거라는 확신을 가지는 것은 또 다른 근본적 필수요소다.

   전 세계 국가들에서—특히 개발도상국가들— 수백만 명의 사람들이 이와 같은 것들을 보장받지 못한다고 말한다. 미국, 영국, 프랑스, 독일 및 서유럽의 몇몇 국가와 호주에서조차 세 명 중 한 명에 이르는 많은 이들이 밤중이면 자신이 사는 지역에서 혼자 돌아다니기가 불안하다고 느낀다. 미국의 경우 몇몇 도시의 시민들은 안전과 공기오염 및 기타 환경오염 물질에 관해 심각한 우려의 목소리를 낸다. 위와 같은 욕구들이 충족되지 않는다면 수준 높은 웰빙을 누리면서 산다고 보기 어렵다.[+]

당신을 위한 완벽한 장소

      만약 당신이 기본적인 안전을 확보하고 있다면, 커뮤니티 웰빙의 다음 단계는 당신의 성격과 가족, 관심 및 추구하는 것들과 잘 맞는 지역에서 사는 것이다. 커뮤니티 웰빙의 수준이 높은 존(John)의 경우 자신이 살고 있는 도시를 이렇게 설명했다.

"이 도시는 다른 곳보다 조금 느린 속도로 돌아갑니다. 야외

활동을 하기에는 그만인 곳이죠. 야외활동을 좋아한다면 바로 여기가 최적의 장소일 겁니다. 거리는 깨끗하고, 훌륭한 학교들이 넘쳐나며 밤낮 가릴 것 없이 언제든 도시 어디를 걸어서 돌아다녀도 안전하다는 느낌이 듭니다. 생활비도 전에 살던 곳보다 여기가 훨씬 저렴합니다."

지역사회를 '완벽하게' 만드는 요소들에 대한 생각은 사람마다 다를 것이다. 하지만 이상적인 지역사회를 설명하기 위해 사람들이 사용하는 주제들에서 몇 가지 공통점이 발견된다.[+] 가장 중요한 요소들 중 하나는 미적인 것들로, 여기에는 자연이 아름다운 장소, 공원, 철도, 운동장 이용 가능성 등이 포함된다. 또 다른 핵심 차별화 요인은 사회적인 제공물들 또는 사람들이 만나고 친구들과 함께 시간을 보내며 밤문화를 즐길 수 있는 장소다. 거의 완벽한 지역사회들을 나머지 다른 곳과 구분해주는 세 번째 요소는 인종, 문화, 나이나 성별에 상관없이 모든 사람들에 대한 관대한 개방이다. 그러나 단지 적절한 장소에 사는 것만으로는 커뮤니티 웰빙을 한껏 누리며 살게 될 가능성이 높지 않다. 지역사회 단체들이나 조직에 대한 적극적인 참여도 필요하다. 많은 사람들은 친구나 지인들의 보다 폭넓은 네트워크와 관련된 집단들에 속해 있다. 그 지역사회를 청소하거나 도움이 필요한 사람들을 돌봐주거나 지역 아이들의 학습을 돕는 봉사활동 등에 참여하는 일은 그들의 커뮤니티 웰빙을 풍요하게 만들어 준다. 사회집단에 소속되려는 노력을 기울이지 않는다면, 커뮤니티 웰빙이 높아질 가능성이 낮아진다. 많은 사람들이 잘 정비된 지역사회에서 살고 싶어 하지만, 자기 스스로에게만 관심을 기울일 뿐 다른 이들과 어울리기를 좋아하지 않는다. 이런 식으로 살아가는 대부분의 사람들은 커뮤니티 웰빙의 수준이 낮다.

천성적으로 사교성이 부족한 사람들이라도 봉사활동을 신청하거나 지역행사에 참여하거나 지역사회 단체들과 접촉을 시작함으로써 총체적인 웰빙 수준을 높여나갈 수 있다. 커뮤니티 웰빙은 지역사회에 '되돌려주기' 위해 우리가 할 수 있는 것이 무엇인지와 깊은 관련이 있다.

웰-두잉.

"헌혈을 하세요. 기분이 좋아집니다."
미국 적십자 캠페인의 슬로건이 잘 보여주듯이, 베푸는 행위는 받는 사람에게나 주는 사람 모두에게 분명 좋은 일이다. 심리학자들은 적십자의 이런 주장이 사실인지의 여부를 알아보기 위하여 실험을 실시했다. 실험에 참가한 사람들은 헌혈을 하기 '전'과 '후'에 기분이 좋아졌다는 경험을 보고해왔다.[+]

커뮤니티 웰빙의 가장 높은 자리에 위치하는 것이 사회에 대한 환원이다. 이것이 단순히 좋은 삶과 정말로 우수한 삶을 차별화해주는 요소일 것이다. 웰빙 수준이 높다고 생각하는 사람들에게 '살면서 가장 훌륭한 기여가 무엇이었는지'를 묻자, 그들은 다른 사람이나 단체, 지역사회에 끼친 영향이라고 응답했다. 이렇게 대답한 사람들은 그들 자신보다 더 큰 어떤 것에 상당한 기여를 했을 뿐만 아니라, 지역사회에 대한 참여율이 높은 것으로 나타났다.

앞서 경제적 웰빙에 관한 장에서 언급했듯이, 돈을 기부하는 행위는 우리 자신을 위해 물건을 구매하는 것보다 우리 자신에게 더욱 큰 보상을 안겨주는 결과로 돌아온다. 신경과학자들은 돈을 받을 때 활성화되는 두뇌 영역들이(fMRI 뇌 촬영) 돈을 '줄' 때 훨씬 더 밝게 빛난다는 사실을 알아냈다. 미국 국립보건원의 조던 그레프먼(Jordan Grafman)에 따르면, 뇌의 이런 반응은 미래를 향한 계획을 세우도록 도와주고, 다른 이들과 감정적으로 더 가

깝게 느끼도록 하며, 행동에 대한 보상을 느끼도록 해준다.+

우리는 종종 소중한 사람에게 의미 있는 선물을 주면서 즐거움을 만끽한다. 그렇지만 아마도 '우리의 시간'만큼 소중한 선물은 없을 것이다. 이는 몇몇 자원봉사자들이 '헬퍼스 하이(helper's high)'를 경험하는 이유를 설명해줄 수 있다―그들은 사소한 방식으로라도 다른 이를 도와준 이후에 더욱 강력하고 보다 활기찬 모습을 보였고, 강력한 동기부여를 느꼈다.

갤럽연구팀은 이 주제로 2만 3,000명이 넘는 사람들을 설문조사했을 때 10명 중 9명에 해당하는 사람들이 타인에게 친절을 베풂으로써 '기분이 좋아지는 경험을 했다'고 보고했다. 우리는 다른 사람들을 위해 일을 할 때, 우리가 어떻게 차이를 만들 수 있는지 알 수 있고, 이것이 우리에게 변화를 만들어낼 수 있는 나름의 능력에 대한 확신을 제공한다.

우리 인생의 전 과정에 걸쳐, 웰-두잉은 더 깊은 사회적 상호작용, 강화된 목적 및 좀 더 활기찬 라이프스타일을 제공한다.―그리고 우리 스스로에게 너무 심하게 사로잡히거나 해로운 감정 상태에 빠져드는 것을 막아주기도 한다. 몇 가지 연구에서 밝혀진 바에 따르면, 남을 배려하는 이타적 행동과 오래 사는 일(장수) 사이에는 연관관계가 있으며, 연구팀은 그 부분적

인 이유가 웰-두잉이 스트레스와 부정적인 감정을 갖지 않도록 예방해주기 때문일 것이라고 추측했다.[+]

지역사회에 적극 참여하기

두 가지 선택사항이 제시되면 사람들은 디폴트 옵션을 선택하는 경향이 있다. 장기를 기증하는 것처럼 매우 중요한 것을 결정하는 경우에조차, 여러분의 결정은 그 시스템이 옵트인(opt in; 상대방의 사전 동의를 얻는 방식)으로 설정되어 있는지 옵트아웃(opt out: 상대방이 거부 의사를 밝혀야만 해당되지 않는 방식)으로 설정되어 있는지에 따라 크게 영향을 받는다.[+] 형성된 기본구조, 즉 미리 작성된 체크박스 또는 자동적인 등록 절차는 우리가 생각하는 것보다 훨씬 더 많이 의사결정에 영향을 미친다. 예를 들어 시민이 디폴트로서 장기를 기증하도록 자동적으로 등록되어 있다면, 대다수 사람들은 그렇게 하기로 선택한다. 하지만 자동으로 등록되어 있지 않은 경우라면 적은 사람들만 장기를 기증하기로 선택한다.

이처럼 폴트 옵션이 설정된 곳은 심지어 매년 수백만 명의 생

옵트인 대 옵트아웃

디폴트가 설정된 상태와 그것이 우리 의사결정에 미치는 영향

국가별 장기기증률

개인 의무 Opt in

네덜란드	27.5%	
영국	17.2%	
독일	12.0%	
덴마크	4.3%	

개인 의무 Opt Out

오스트리아	99.9%	
프랑스	99.9%	
헝가리	99.9%	
포르투갈	99.6%	
폴란드	99.5%	
벨기에	98.0%	
스웨덴	89.5%	

출처: 존슨 & 골드스테인, 〈사이언스〉, 2003.

사 여부가 결정되기도 한다. 예컨대 중국의 경우 100만 명이 넘는 이들이 장기기증을 필요로 하지만, 사실상 겨우 1%의 사람들만 자신에게 필요한 장기이식 수술을 받는다. 중국은 장기 부족 때문에 5명 중 4명꼴로 장기이식을 기다리면서 죽어간다.[+] 중국의 장기기증률은 겨우 0.3% 수준에 그치고 있다. 그러나 모든 중국인이 장기기증에 사전 동의하는 시스템이 마련되어 있다면, 아마도 장기공급은 필요한 양을 넘어설 것이다.

대체로 우리는 자신의 디폴트를 설정할 수 있다. 장기기증에서부터 저축 계획에 이르는 모든 것에 대해서 말이다. 하지만 그것은 어느 정도 노력이 필요하다. 따라서 종종 우리는 뒷자리에 물러나 앉아 수년, 수십 년에 걸쳐 그저 인생이 흘러가도록 내버려두기도 한다. 그러나 커뮤니티 웰빙 수준이 높은 사람들은 정기적인 기부와 자원활동에 참여할 가장 좋은 방법을 찾아 나선다.

우리와 인터뷰한 한 남성은 매달 자신이 아는 여러 단체들을 방문해 자원봉사 활동을 하는데, 마치 시간제 근무처럼 여겨질 정도라고 밝혔다. 또 다른 여성은 매달 적어도 의무적으로 다섯 시간의 자원봉사 시간을 스스로 지키고 있다. 이들처럼 몇몇 사람들은 지역사회의 단체에 매년 정해진 시간을 투자하거나 소득의 일정 비율을 기부하는 식으로 커뮤니티 웰빙을 실천하고 있었다.

일부 조직의 리더들은 직원들의 월급에서 바로 공제되는 정기적인 기부제도를 채택하여 회사를 운영하기도 한다. 진보적인 몇몇 회사들은 직원들이 기여하는 액수에 연동한 기업펀드를 제공한다. 개인과 조직들이 실천 중인 기부방식들은 이처럼 다양하다. 이런 장치들 모두가 지역사회로의 참여에 대해 스스로 책임감을 갖도록 하는 몇몇 가지 메커니즘을 확립하고 있다.

개인의 관심사를 주변에 알려라

지역사회에 되돌려주는 일은 반드시 이타적일 필요는 없다. 공동체 조직들에 기여하는 사람들을 살펴보면 일반적으로 그 조직의 미션이나 대의에 감정적으로 묶여 있는 경우가 많다. 사람들은 퇴행성 질병을 앓는 부모나 암에 걸린 친구, 자폐증이 있는 자녀 또는 개인적으로 깊은 관련이 있는 다른 요인들 때문에 그런 단체에 참여한다. 최우선적으로 그들의 관심에 불을 당기는 것이 바로 이런 연관관계들이다.

이미 나름 관심이 있는 사람들은 실제로 그들이 알고 있는 모든 것과 개인적 미션 때문에 더 많이 베푼다. 높은 수준의 공동체적 웰빙을 누리며 사는 사람들은 친구와 동료, 가족들에게 자신들의 관심을 미리 알린다. 그러고 난 후 자신이 평소 가지고 있는 관심과 맞는 적당한 기회가 생기면 자발적으로 그 일에 참여한다. 이런 정보는 종종 직장이나 종교단체들을 통하여 알게 되기도 하는데, 바로 그런 이유로 이들 단체는 여러분의 관심사를 다른 이들에게 알릴 수 있는 좋은 모임의 장이 된다.

지역사회 전체의 웰빙 높이기

앞에서 언급한 것처럼 흡연율 하락과 같은 주요한 사회적 변화들은 소셜 네트워크라는 맥락에서 발생한다. 이 경우 대부분의 사람들은 스스로 담배를 끊지 않았다. 그러나 시간이 지날수록 흡연이 더 이상 사회적으로 용납되지 않기 때문에 금연하는 사람이 늘어나는 추세다. 친구들이 담배를 끊었고, 식당들은 흡연을 금지하며, 고용주들은 흡연자들을 추운 밖으로 내몰아 그곳에서 벌벌 떨며 담배를 피우도록 했다. 흡연자들은 자신이 속한 커뮤니티 바깥 가장자리로 밀려나면서 결국 자신들의 오랜 습관을 과감히 떨쳐내기에 이르렀다.

이것은 단체와 지역사회, 조직들이 어떻게 긍정적인 사회적 변화를 만들어낼 수 있는지를 보여주는 하나의 사례에 불과하다. 알코홀릭 애노니머스(Alcoholics Anonymous)는 관계를 확장해주고 사람들이 술에 취하지 않은 채 살아가도록 돕는 긍정적인 집단 압박을 가한다. 웨이트 와처스(Weight Watchers)는 체중을 조절하기 위해 사람들을 한 데 모은다. 이런 노력들은 성공적인데, 이는 대체로 그들이 동료들 사이에서 긍정적인 자극과 사회적 지원 및 다른 이들에 대한 책임감을 활용했기 때문이다.

실험 조사에 따르면, 지속적인 변화는 회사나 지역사회 단체라는 맥락에서 발생할 확률이 배에서 3배 더 높은 것으로 보인다. 예컨대 당신이 집중적인 체중감소 프로그램에 혼자 등록할 경우, 10개월 뒤 체중이 감량될 확률은 24%다. 동일한 프로그램에 등록하고 나서 세 명의 낯선 이들로 구성된 사회적 지원단체에 합류할 경우, 10개월 후 체중이 감량될 확률은 거의 50%가 된다. 하지만 '이미 알고 있는 세 명의 친구 또는 동료와 함께' 다이어트 프로그램에 등록할 경우라면 어떨까? 놀랍게도 체중 감량을 지속할 확률은 66%까지 높아진다.[+]

갤럽연구팀의 글로벌 리서치 일환 중 하나로 '지난달에 자원봉사활동을 했는지?'를 사람들에게 정기적으로 묻고 있다. 150개 나라에 걸친 이 조사에서 연구팀은 자신의 '직업'에 몰입한 사람들이 그들의 '지역사회'에 되돌려줄 확률은 20~30% 더 높다는 점을 알아냈다. 조사 대상인 어떤 조직의 경우, 업무에 가장 몰입하는 직원이 직장에 대한 몰입도가 낮은 이들보다 2.6배 더 많은 기부를 한 것으로 나타났다. 커뮤니티 웰빙이라는 테마는 다른 네 가지 테마들(직업, 사회관계, 돈, 건강)과 긴밀한 연관관계를 맺고 있으며, 네 가지 테마들 위에 직접적으로 구축된다. 따라서 다른 테마들의 영역에서 웰빙이 향상되면 충만한 커뮤니티 웰빙을 누릴 확률 역시 극적으로 높아진다.

커뮤니티 웰빙의 핵심들

커뮤니티 웰빙 수준이 높은 사람들은 자신이 살고 있는 지역이 안전하고 안정적이라고 느낀다. 그들은 지역사회에 대한 자부심이 유독 강하고, 자신이 속한 사회가 올바른 방향으로 나아가고 있다고 믿는다. 이는 종종 베풀고 싶고 사회에 지속적인 기여를 하고 싶도록 하는 동기로 작용한다. 커뮤니티 웰빙을 만끽하며 사는 이들은 나름의 강점과 열정에 기초하여 자신의 공동체 중 어떤 영역에서 기여할 수 있는지를 고민한다. 그리고 적절한 명분을 찾아 지역단체와 연계하고, 이런 자신의 관심사들을 다른 이들에게 알린다. 그들이 보여주는 기여는 작게 느껴질 수도 있지만, 시간이 흐를수록 그것은 더 많은 사람의 참여를 이끌어내고 그들의 공동체에 적지 않은 영향력을 행사한다. 이처럼 커뮤니티 웰빙 수준이 높은 사람들의 노력이 모여 최고의 지역사회가 만들어지고 있다.

커뮤니티 웰빙을 높이기 위한 세 가지 조언

1. 개인적 사명에 기초해 여러분의 공동체에 어떻게 기여할 수 있는지 파악하라.
2. 사람들이 적당한 단체 및 대의와 당신을 연결해줄 수 있도록 평소 당신의 열정과 관심사에 대해 사람들에게 말하라.
3. 공동체가 주관하는 각종 행사에 참여하라. 작은 것이라도, 지금 당장 시작하라.

Chapter 5 Reference

180   미국의 경우 몇몇 도시의 시민들은 안전과 공기오염 및 기타 환경오염 물질에 관해 심각한 우려의 목소리를 낸다. 위와 같은 욕구들이 충족되지 않는다면 수준 높은 웰빙을 누리면서 산다고 보기 어렵다.

: 이 월드 폴(World Poll)은 미국 내 15세 이상 성인 46만 3,933명을 대상으로 직접 인터뷰와 전화 인터뷰를 통해 2005년 6월부터 2009년 10월에 걸쳐 실시되었다. 이 조사 집단에 기초한 결과들은 오차 범위 0.1%포인트 내에서 95%의 정확도를 지닌다. 연간 1,000명의 샘플 집단을 기초로 조사한 개별 국가들의 경우에는 오차 범위 3.1%포인트 내에서 95%의 정확도를 지닌다.

갤럽·헬스웨이스 웰빙 지수는 미국 내 18세 이상 성인 70만 명 이상을 대상으로 일반전화와 휴대전화로 인터뷰를 진행한 자료이며, 2008년 1월 2일부터 2009년 12월 30일까지 실시되었다. 이 조사집단에 기반한 결과들은 오차 범위 0.2%포인트 이내에서 95%의 정확도를 지닌다.

Gallup and John S. and James L. Knight Foundation.(n.d.) *Soul of the community overall report.* Retrieved September 24, 2009, from http://www.soulofthecommunity.org/node/64

Saad, L.(2009, May 25). *Water pollution Americans' top green concern.* Retrieved November 20, 2009, from Gallup Web site: http://www.gallup.com/poll/117079/Water-Pollution-Americans-Top-Green-Concern.aspx

181 지역사회를 '완벽하게' 만드는 요소들에 대한 생각은 사람마다 다를 것이다. 하지만 이상적인 지역사회를 설명하기 위해 사람들이 사용하는 주제들에서 몇 가지 공통점이 발견된다.

: Gallup and John S. and James L. Knight Foundation.(n.d.) *Soul of the community overall report.* Retrieved September 24, 2009, from http://www.soulofthecommunity.org

최고 수준의 웰빙을 누리는 사람들이 거주하는 미국의 몇몇 도시 명단을 살펴보고 싶다면, 이 책의 부록 '웰빙 수준을 높이는 부가적 방법들' 중 미국의 웰빙을 참고하라.

183 실험에 참가한 사람들은 헌혈을 하기 '전'과 '후'에 기분이 좋아졌다는 경험을 보고해왔다.
: 첨언하자면, 너덧 차례 헌혈을 했던 사람들은 헌혈을 하기 전에 긴장을 훨씬 덜 했고, 기분이 좋아지리라는 기대감이 훨씬 높았으며, 헌혈을 계속 하겠다는 의지가 더 강했다.

Piliavin, J.A. (2003). Doing well by doing good: Benefits for the benefactor. In C. L. M. Keyes & J. Haidt(Eds.), *Flourishing: Positive psychology and the life well-lived* (pp. 227—247). Washington, D. C.: American Psychological Association.

183~184 미국 국립보건원의 조던 그레프먼(Jordan Grafman)에 따르면, 뇌의 이런 반응은 미래를 향한 계획을 세우도록 도와

주고, 다른 이들과 감정적으로 더 가깝게 느끼도록 하며, 행동에 대한 보상을 느끼도록 해준다.

: Stoddard, G.(2009, July/August). What we get from giving. *Men's Health, 24*(6), 108-115.

184~185 몇 가지 연구에서 밝혀진 바에 따르면, 남을 배려하는 이타적 행동과 오래 사는 일(장수) 사이에는 연관관계가 있으며, 연구팀은 그 부분적인 이유가 웰-두잉이 스트레스와 부정적인 감정을 갖지 않도록 예방해주기 때문일 것이라고 추측했다.

: 하버드 대학 정치학과 교수 로버트 퍼트남은 이렇게 설명했다. "그룹 활동을 전혀 하지 않다가 어떤 한 그룹에서 활동하기로 결정할 경우, 당신은 다음 해 동안 사망 위험을 '절반'이나 낮추게 된다." 지역단체에 참여하는 것은 또한 나이가 들면서 발생하는 기억력 감퇴 현상을 낮추는 역할을 한다. 1만 6,638명의 성인을 대상으로 6년 동안 진행된 장기간의 연구를 통해 밝혀진 바에 따르면, 최소한의 사회활동을 하고 있는 사람들은 나이가 들수록 급속한 기억력 감퇴 현상을 경험했다. 하지만 가장 활발하게 사

회활동을 했던 사람들은 최소한의 사회활동을 했던 사람들보다 기억력이 감퇴하는 비율이 '절반 이하'였다.

Ertel, K. A., Glymour, M. M., & Berkman, L. F.(2008). Effects of social integration on preserving memory function in a nationally representative US elderly population. *American Journal of Public Health, 98*(7), 1215-1220.

Putnam, R. D.(2000). *Bowling alone*. New York: Simon & Schuster.

185 장기를 기증하는 것처럼 매우 중요한 것을 결정하는 경우에조차, 여러분의 결정은 그 시스템이 옵트인(opt in; 상대방의 사전 동의를 얻는 방식)으로 설정되어 있는지 옵트아웃(opt out: 상대방이 거부 의사를 밝혀야만 해당되지 않는 방식)으로 설정되어 있는지에 따라 크게 영향을 받는다.
: Johnson, E. J., & Goldstein, D.(2003, November 21). Do defaults save lives?, *Science*, 302, 1338-1339.

187 예컨대 중국의 경우 100만 명이 넘는 이들이 장기기증을 필요로 하지만, 사실상 겨우 1%의 사람들만 자신에게 필요한 장기이식 수술을 받는다. 중국은 장기 부족 때문에 5명 중 4명꼴로 장기이식을 기다리면서 죽어간다.
: Juan, S.(2009, September 17). Four in five die in waiting for organ donation. *China Daily*. Retrieved November 20, 2009, from http://www.chinadaily.com.cn/china/2009-09/17/content_8702813.htm

190 하지만 '이미 알고 있는 세 명의 친구 또는 동료와 함께' 다이어트 프로그램에 등록할 경우라면 어떨까? 놀랍게도 체중감량을 지속할 확률은 66%까지 높아진다.
: Wing, R. R., & Jeffery, R. W.(1999). Benefits of recruiting participants with friends and increasing social support for weight loss and maintenance. *Journal of Consulting and Clinical Psychology, 67*(1), 132−138.

결론 ●●●●●●●●●●●●●●●●●●●●●
삶을 가치 있게 만드는 요소 측정하기

1968년 바비 케네디(Bobby Kennedy)가 사망 몇 달 전에 말했듯이, 사람들은 편협하고 얄팍한 잣대에 기초하여 인생과 조직, 공동체의 발전을 끊임없이 평가한다.[+]

"우리는 그저 물질적인 것들을 축적하는 과정 속에서 공동체의 우수성과 공동체의 가치를 포기해온 듯하다. 우리의 국내총생산(GDP)은… 그것으로 미국을 판단해야만 한다면, 공기오염과 담배 광고, 엉망진창인 고속도로들을 말끔히 치워줄 앰뷸런스도 계산에 넣는다. 현관문을 굳게 지켜줄 특수 잠금장치와 문을 부수고 침입하는 사람들을 수용할 감옥도 그 대상이다. 삼나무 숲의 파괴와 무분별한 도시개발로 인한 자연경관의 훼손도 포함된다. 네이팜탄과 핵탄두에 드는 비용, 거리의 폭도들과 씨름하는 경찰을 위한 무장차량 역시 이 계산에 들어간다. 휘트먼의 소총과 스펙의 칼, 그리고 우리 아이들에게 장난감을 팔기 위해 폭력을 미화해서 보여주는 텔레비전 프로그램들도 계산 내역에 포함된다. 그러나 국내총생산은 우리 아이들의 건강, 교육의 질, 또는 놀이의 즐거움을 위한 자리는 허용하지 않는다. 시의 미학이나 결혼의 힘도 포함하지 않는다. 대중 논쟁의 지성이나 공무원의 진실성도 계산에 넣지 않는다. 위트나 용기도 측정하지 않으며, 지혜나 학습도 그러하고, 열정이나 국가에 대한 헌신도 계산하지 않는다. 간단히 말해 GDP는 인생을 가치 있게 만드는 것들을 제외한 모든 것들을 계산한다."

케네디가 아주 멋지게 설명한 바와 같이, 우리네 삶은 경제적 결과 이상의 것으로 구성된다. 우리 자신뿐만 아니라 주변 사람들을 위해 가치 있는 삶을 만들어내기 위해서는 우리가 즐길 수 있으며 사회에도 도움이 되는 어떤 것을 찾을 필요가 있다. 우리는 사랑하는 사람과의 관계를 강화시켜줄 시간을 투자해야 한다. 가족의 니즈를 충족시켜주기에 충분한 경제적 안정감도 필요로 한다. 매일같이 활동을 지속하도록 해줄 에너지와 건강을 제공하는 라이프스타일을 도입할 필요도 있다.

우리는 또한 '매순간' 더 나은 선택을 할 필요도 있다. 노벨상을 수상한 경제학자 토머스 셸링(Thomas Schelling)의 설명대로, 우리는 마치 두 명의 다른 사람처럼 행동한다. 한 명은 날씬한 몸매를 원하고 다른 한 명은 디저트를 먹고 싶어 한다.[+] 우리가 시간을 배분하는 방식에 있어 단기간의 작은 변화들조차 더 나은 하루하루로 귀결될 수 있다. 30분간의 수면시간 추가나 사교활동에 한 시간을 더 추가하는 일은 훌륭한 하루와 그저 그런 평범한 하루 사이를 가르는 차이점이 될 수 있다. 우리 일상을 조금만 변화시켜도 하루하루 삶의 질에 큰 영향을 미칠 수 있다.[+]

어느 특정한 날에 우리는 뭔가를 시작하기보다는 그저 회사에 앉아 소극적으로 문제를 처리해나갈 것이다. 밖에 나가 운동을 하기보다 그냥 텔레비전을 볼 수도 있고, 어쩌면 몇 주나 몇 달 사이에 스트레스를 야기할 어떤 일에 그 시간을 쓸지도 모른다. 또는 지역사회에 환원할 만한 무언가를 해보겠노라 생각하면서도, 그 일을 나중으로 미루거나 아예 하지 않을 수도 있다.

이와 같은 날들로 인해 악순환이 끊이지 않는다.

단 하루라도 건강에 해로운 음식을 먹고, 운동을 건너뛰며, 직장에서 스트레스를 받고, 충분한 사교활동을 하지 않고, 돈에 관한 걱정을 하며 보낸다면 상당한 부정적 결과가 생겨난다. 이런 날들이라면 활력이 떨어지고, 안색이 그닥 안 좋아 보이며, 사람들을 좋게 대하지 못하고, 숙면을 취하지 못한다. 결국 숙면이 제공해주는 재충전의 기회를 놓치고, 그런 악순환이 지속된 삶을 산다. 이와 같은 라이프스타일에서 벗어나 충분한 수면을 취한다면, 올바른 시작점에서 다시 출발할 수 있다. 즉 상쾌한 기분으로 잠자리에서 일어날 수 있고 아침에 운동할 가능성도 높아진다. 우리가 매일 업무에서 강점들을 활용할 수 있다면, 이는 훨씬 더 큰 목적과 일상활동을 연결해주고 우리가 더 많은 일을 이뤄낼 수 있도록 해준다. 친구나 가족과 함께하는 시간, 그리고 사교활동에 사용할 6시간을 확보할 수 있다면 스트레스를 받는 순간들보다 10배나 더 많은 좋은 순간들을 누릴 가능성이 크다.

좀 더 행복한 날들을 만들어내기 위한 최상의 방법 중 하나는 긍정적 디폴트를 설정하는 것이다. 단기적 자아가 장기적 자아와 '합심해서' 작동하도록 할 때마다, 그런 기회가 생긴다. 당신은 가장 큰 즐거움을 주는 사람들과 더 많은 시간을 보내고 되도록 자신의 강점에 몰두하기로 의도적으로 선택할 수 있다. 재정계획을 세워 부채로 인한 걱정을 최소화할 수도 있고, 운동을 당연한 일상으로 만들 수도 있다. 슈퍼마켓에서는 건강에 좀 더 좋은 식품을 선택함으로써 며칠 후 해로운 음식을 갈망할 때 자신을 과신할 필요가 없도록 할 수도 있다. 그리고 일단 신청하고 나면 끝까지 일정을 완수해낼 것이라는 믿음이 있기 때문에 지역사회나 종교단체, 또는 자원봉사 단체에 헌신할 수도 있다. 여러분은 하루하루 이와 같은 선택들을 함으로써 지금보다 더욱 강력한 우정과 가정, 일터, 지역사회를 만들어갈 것이다. 결국 이 모든 선택과 집중이 여러분의 웰빙과 행복 수준을 한 차원 더 높이는 쪽으로 인도해줄 것이다.

결론 Reference

199　1968년 바비 케네디(Bobby Kennedy)가 사망 몇 달 전에 말했듯이, 사람들은 편협하고 얄팍한 잣대에 기초하여 인생과 조직, 공동체의 발전을 끊임없이 평가한다.
: John F. Kennedy Presidential Library & Museum. (n.d.). *Quotations of Robert F. Kennedy*. Retrieved September 1, 2009, from http://www.jfklibrary.org/Historical+Resources/Archives/Reference+Desk/Quotations+of+Robert+F.+Kennedy.htm

201　노벨상을 수상한 경제학자 토머스 셸링(Thomas Schelling)의 설명대로, 우리는 마치 두 명의 다른 사람처럼 행동한다. 한 명은 날씬한 몸매를 원하고 다른 한 명은 디저트를 먹고 싶어 한다.
: Schelling, T. C. (1978). Egonomics, or the art of self-management. *The American Economic Review, 68*(2),

290—294.

201 30분간의 수면시간 추가나 사교활동에 한 시간을 더 추가하는 일은 훌륭한 하루와 그저 그런 평범한 하루 사이를 가르는 차이점이 될 수 있다. 우리 일상을 조금만 변화시켜도 하루하루 삶의 질에 큰 영향을 미칠 수 있다.
: 놀랍게도 수면시간의 작은 차이가 다음 날 하루를 기분 좋게 지내도록 할 수도 있고 그저 그런 하루를 보내도록 만들 수도 있다. 좋은 하루를 보낸 사람들은 전날 밤 평균 7.1시간 수면을 취했다. 나쁜 하루를 보낸 사람들의 경우 전날 평균 6.6시간의 수면을 취했다. 겨우 30분의 차이지만 좋은 하루와 나쁜 하루를 좌우했던 셈이다. 사교활동에 보내는 시간 또한 좋은 하루와 나쁜 하루를 좌우하는 강력한 변수다. 좋은 하루를 보냈던 사람들은 나쁜 하루를 보낸 사람들보다 평균적으로 1.4시간을 사교활동에 더 할애했다.

WELLBEING FINDER

Career Wellbeing

Community Wellbeing

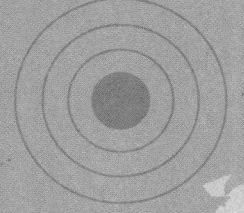

부록

웰빙 수준을 높이는 부가적 방법들

A 일상에서의 웰빙: 시간을 보내는 방법
B 조직에서의 웰빙 증대: 관리자와 리더의 역할
C 5가지 웰빙 테마 재정리
D 미국의 웰빙
E 글로벌 웰빙

A 일상에서의 웰빙: 시간을 보내는 방법

웰빙의 5가지 필수 테마가 우리의 삶 전체에 대한 종합적인 평가를 제공해주지만, 우리가 일상에서 느끼는 웰빙도 역시 중요한 부분이라고 할 수 있다. 누구나 순간순간의 일상 경험들이 축적되어 하나의 인생을 형성한다. 그리고 우리가 실질적인 행동의 변화를 일으키기 시작하는 일은 사실 일상적 경험 내부에서부터 이루어진다. 특정 경험이 우리의 행복, 즉 웰빙에 어떤 영향을 주는지 이해하기 위해, 선도적인 심리학자와 경제학자들은 이 주제를 탐구하느라 지난 10년에 걸쳐 많은 시간을 할애했다.

최근 갤럽의 선임연구원 세 명으로 구성된 팀은(노벨상을 수상한 심리학자, 현재 미재무부 수석 경제학자, 실시간 데이터 분석 영역의 선구자) 시간활용 방식을 측정하기 위한 내셔널 타임 어카운팅(National Time Accounting)이라는 이름의 접근법을 제안했다. 이 방법은 우리의 일상적인 경험을 들여다볼 수 있도록 독특한 렌즈를 제공한다. 또한 우리가 가장 즐기는 특정 활동과 시간을 함께 보내기를 가장 좋아하는 —그리고 가장 꺼리는— 집단을 밝혀준다.

이 시간사용 리서치의 일환으로, 갤럽이 인터뷰한 실험 참가자들은 45가지 다른 활동들에—스포츠 이벤트에 참여하는 것과 같은 빈도수가 낮은 활동에서부터 텔레비전 시청과 업무 등 좀 더 빈번한 활동에 이르는— 참여해 얼마나 많은 시간을 보냈는지에 관한 질문을 받았다. 45개 활동들 중 다수가 하룻동안 보내는 전체 시간의 1% 이하를 차지했기 때문에, 연구팀은 그것들을 여섯 가지 일반적 카테고리로 분류했다.

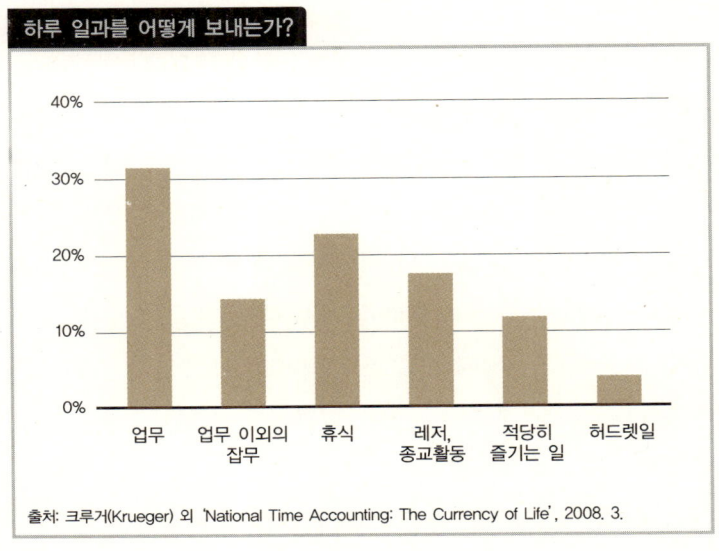

하루 일과를 어떻게 보내는가?

출처: 크루거(Krueger) 외 'National Time Accounting: The Currency of Life', 2008. 3.

우리가 가장 즐기는 활동

연구팀은 사람들이 특정 활동을 얼마나 즐기는지 측정하기 위해 각각의 활동에 참여하는 동안 느낀 행복, 피곤, 스트레스, 슬픔, 관심, 고통에 대하여 각 개인이 스스로 진술한 정도를 계산하는 공식을 만들었다. 이를 통해 사람들이 각 영역에 할애하는 시간이 일상의 웰빙에 어떤 영향을 미치는지 비교해볼 수 있었다. 다음 그림에서 알 수 있듯이, 사람들은 레저와 정신활동에 참여할 때 가장 높은 수준의 행복과 관심을 갖는 것으로 보고하고 있다.

6가지 일반적인 카테고리가 우리 시간의 전반적인 배분을 설명해주는 가운데, 일상활동에 기초해 어떻게 시간을 보내는가에 있어서 그 45개의 특정 카테고리들은 훨씬 많은 것들을 알려준다. 다음 표에서 볼 수 있듯이, 서로 다른 활동으로부터 우리가 얻는 즐거움의 정도는 상당히 광범위하다.

예를 들어 음악감상은 가장 즐기는 활동들 가운데 하나다. 사람들이 음악을 들을 때 더욱 행복하다고 보고할 뿐만 아니라, 스트레스 정도도 매우 낮은 모습을 보인다. 자녀와 놀아주기(이것은 가장 즐기는 활동에 속해 있다)는 실제로 음악감상 이상으로 행복감을 높여준다. 하지만 아이와 놀아주는 일은 음악감상에 비해 스트레스 수준이 약간 높게 나타난다.

1960년대와 1970년대 1980년대, 1990년대 및 지난 10년 사이의 트렌드와 결합된 여러 활동들의 이런 종합적 항목을 검토해 보면, 남성과 여성 모두 텔레비전 시청에 할애하는 시간이 크게 증가했다는 두드러진 모습이 나타난다. 1960년대의 여성들은 하루 중 텔레비전 시청에 약 8%의 시간을 보냈다. 오늘날에는 여성들의 텔레비전이나 비디오 시청 시간이 약 15%에 이른다. 남성

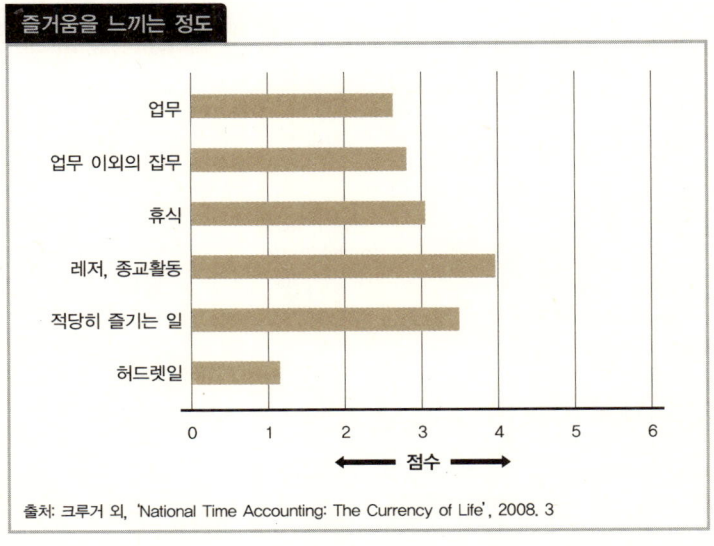

즐거움을 느끼는 정도

출처: 크루거 외, 'National Time Accounting: The Currency of Life', 2008. 3

선호활동 상위 10개

활동	지표
음악감상	4.81
아이와 놀아주기	4.81
체육활동 참여	4.74
사냥, 낚시, 보트타기, 하이킹	4.73
파티 및 연회	4.72
개인적 서비스 구매	4.43
야외 레저활동	4.39
카페 및 바에서 즐기기	4.39
운동	4.26
종교활동	4.24

꺼리는 활동 상위 10개

활동	지표
의료 및 건강관리	0.21
금융 및 공무	0.32
과제	0.80
의료서비스 구매	2.08
가정 및 차량 관리	2.22
가사일(설거지, 식탁 정리)	2.28
유급노동(가정)	2.35
학교/교육	2.42
빨래/다림질/의류수선	2.46
주요 유급노동(직장)	2.55

출처: 크루거 외, 'National Time Accounting: The Currency of Life', 2008. 3.

들의 경우 1960년대에는 하루 중 약 11%의 시간을 텔레비전 시청에 할애했으나, 오늘날 그 수치는 17% 이상까지 증가했다.

즐거움이라는 차원에서 볼 때 텔레비전 시청에 들인 시간이 중간 정도의 수치에 속한다는 점(중간 값은 2.94)은 어떤 의미도 지니지 않는다. 사람들은 텔레비전을 시청하며 보낸 시간이 자녀들과 놀이를 하는 데 소요되는 시간이나 친구와 함께 보내는 시간만큼 결코 즐겁지 않다고 말한다. 특히 미국의 경우 텔레비전 시청에 들이는 상당량의 시간이 직접적으로 많은 피해를 주고 있지는 않을지 모르지만, 적극적이고 사회적인 목표들에 더 많은 시간을 들인다면 그들의 삶에서 더 많은 행복과 관심을 누릴 가능성이 높을 것이다.

갤럽의 글로벌 리서치에 따르면 텔레비전이 전 세계 대부분의 가정에서 순수하게 긍정적일 수도 있다. 우리의 연구 결과 가정에 텔레비전을 가지고 있는 사람들은 평균적으로 집에 텔레비전이 없는 사람들보다 더 높은 웰빙을 누리는 것으로 나타났다. 이런 차이는 엄청나다. 가정에 텔레비전이 있는 사람들은 약 10%가 더 높은 웰빙을 누리며 미래에 대해 좀 더 낙관적이다.

부와 전기 및 수도 사용과 같은 것들 이외에, 텔레비전 보유의 이점들도 지속된다. 소득이 동일한 사람들을 비교해볼 때조차, 전 세계 텔레비전 보유자들은 여전히 높은 웰빙 수준과 낙관주의를 누린다. 이런 결과들은 전 세계적 척도상으로 텔레비전 보유가 실질적인 이점을 가지고 있을 수 있다는 점을 시사한다. 예를 들어 개발도상국에서 텔레비전은 기본적 정보에 대한 접근권과 학습, 그리고 전 세계 다른 부분에서 발생하는 글로벌 정보들을 제공할 가능성이 크다.

함께 시간을 보내고 싶은 사람이 누구인가?

일상적 웰빙에 대한 우리의 오랜 연구들에 걸쳐, 연구팀은 행복한 날들 대비 나쁜 날들에 대한 가장 좋은 예측변수들 중 하나가 친구와 가족들과 함께 보내는 시간의 양이라는 점도 알아냈다. 앞서 언급한 팀은 특정 사람과 함께 있을 때 불쾌한 상태로 보내는 시간의 비중을 측정하기 위해 '불쾌 지수(Unpleasant index(U-index)'를 창안해냈다. 이 지수는 긍정적인 감정(행복, 즐거움, 다정함)보다 부정적인 감정(우울, 분노, 좌절감)을 더 많이 느끼는 시간의 비중이다.

다음에 제시된 그래프에서 볼 수 있듯이, 상사와 보내는 시간은 친구들과 보내는 시간보다 배에서 4배나 더 불쾌하다. 이런 현상은 남성에게서 훨씬 뚜렷하게 나타나는데, 남성들은 팀장이나 관리자들과 시간을 보낼 때 이례적으로 높은 수준의 스트레스와 낮은 수준의 행복감을 느낀다고 응답한다.

비록 상사와 보낸 시간이 평균적으로 하루 중 최악의 시간이더라도, 꼭 그럴 필요는 없다. 우리 연구들이 보여주는 사실에 따르면, 이런 패턴을 바꿔 부하직원의 삶과 몰입도를 높여서 조직의 성과를 향상시키는 수천 명의 관리자들이 있다는 점을 알

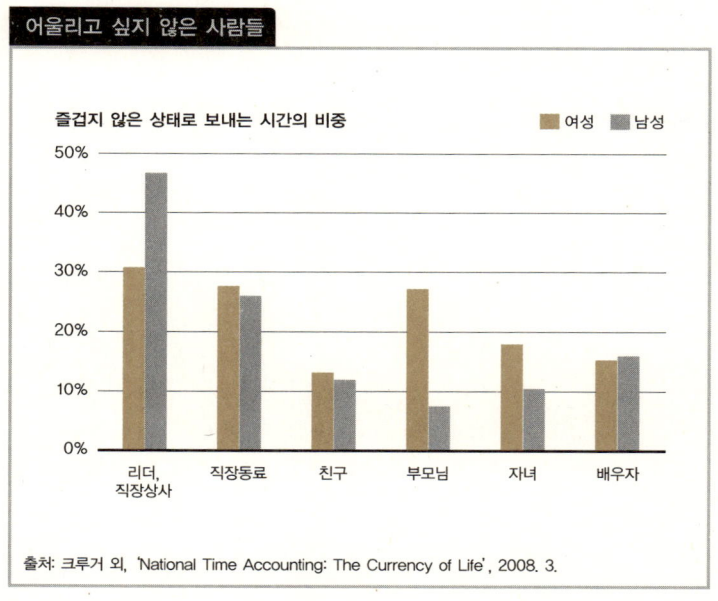

수 있다.

 직업적 웰빙이 생리적 부분에 미치는 영향을 고려해보면, 이런 조사 결과들은 직원들 각각의 웰빙에 미치는 영향력에 관해 좀 더 의식적으로 생각하는 관리자와 리더, 조직에 대한 필요성을 강조한다. 그리고 우리가 직장에서 얼마나 많은 시간을 보내는지 감안해보면, 다른 어떤 영역들보다 이 영역에서 웰빙 수준을 높일 만한 기회가 더 많을 것임은 당연하다.

B 조직에서의 웰빙 증대: 관리자와 리더의 역할

만약 여러분이 리더나 관리자라면 여러분의 행동은 다른 사람의 웰빙에 직접적인 영향을 주게 된다. 리더들이 직원들의 웰빙 수준을 향상시킬 수 있는 기회를 받아들인다면, 업무에 대한 몰입도가 높은 회사와 그 조직을 위한 더 큰 수익을 만들어낼 수 있다. 그리고 심지어 그들은 그 직원들의 가족관계를 강화하도록 돕는다. 하지만 리더들이 직원의 웰빙을 무시한다면ㅡ'그들이 상관할 바가 전혀 아닌' 어떤 것이라고 인식할 경우ㅡ 그들을 따르는 사람들의 신뢰를 떨어뜨리고 그 조직의 성장 가능성을 제한한다.

지난 10년에 걸쳐 갤럽은 관리자들이 몰입도가 높은 환경을 조성하고 직원들의 웰빙을 증진시키도록 돕기 위해 수백 개의 조직들과 협력해왔다. 우리가 1,500만 명 이상의 직장인들에게 던진 가장 좋은 질문들 중 하나는 관리자나 직장의 다른 이들이 그들을 인격적으로 대우하고 있다고 생각하는지의 여부였다. 이 질문의 함의는 팀장이나 관리자가 그를 단지 그저 일개 피고용인이나 목적을 위한 수단으로가 아닌 완전한 하나의 인격으로 대하고 있느냐는 개념이다. 이 질문은 직원들이 자신의 관리자가 진정으로 자신의 웰빙을 신경 쓰고 있다고 느끼는가의 여부를 알 수 있는 척도가 된다. 이 조사에서 알아낸 사실은 세계 최고의 관리자들은 직원 한명 한명의 성장을 목적을 위한 수단이 아니라 그 자체로 목적으로 여긴다는 점이다. 그들은 각 직원들의 웰빙과 많은 경우 그 가족 전체의 웰빙 수준이 대체로 이끌고 관리하는 리더들의 능력에 좌우된다는 점을 깨닫고 있었다. 리츠 칼튼의 대표 사이먼 쿠퍼(Simon Cooper)는 "전 세계 3만 8,000명의 직원들뿐 아니라 그 가족들까지도 고려하는 것이야말로 우리 조직의 더 큰 목적"이라고 말해주었다.

이처럼 진취적인 사고방식은 우리가 인터뷰했던 세계 최고의 리더들 사이에서 흔히 볼 수 있으며, 그들은 종종 부하직원들과 그들을 둘러싼 관계들에 미치는 더 광범위한 영향력까지도 염두에 둔다. 스탠더드 차터드 은행(Standard Chartered Bank)의 전 회장 머빈 데이비스(Mervyn Davies)는 어떻게 그가 70개 나라에 분포되어 있는 7만 명이 넘는 직원들에게 회사가 그들의 개인적 삶에 관심을 가지고 있다는 점을 인식시켰는지 말해주었다.

데이비스 회장은 자신의 아내가 유방암과 싸우고 있다는 개인적 문제를 직원들에게 공개했고, 이와 동시에 회사가 직원의 감정적, 육체적 건강에도 관심을 쏟고 있다는 점을 알도록 했다. 임기 동안 데이비스 회장은 직원들의 전반적인 웰빙 수준을 높여줄 목적의 몇 가지 프로그램들을 새롭게 만들었고, 가족을 가장 우선시해야 한다는 메시지를 항상 직접 전달하곤 했다. 조직에 대한 뜨거운 마음이 없다면 직원들이 그 조직을 진심으로 사랑할 방법이 전혀 없음을 데이비스 회장은 알고 있었다.

관리자와 리더들이 직원의 웰빙과 행복에 투자할 경우, 직원들은 조직의 성장에 영향을 미칠 확률이 높다. 우리가 직원들에게 당신의 상사가 당신을 인간적으로 보살피는지를 물었을 때, 여기에 그렇다고 응답한 사람들은—

- 최고의 성과를 낼 가능성이 더 높고
- 양질의 업무를 수행하고
- 병가를 낼 확률이 적고
- 이직할 확률이 적으며
- 업무수행 중 부상당할 가능성이 낮다는 사실을 알게 되었다.

이 모든 것들로 인해 회사는 효율적으로 운영되고 더욱 높은 성과를 냈다. 150개 이상의 기업들에서 진행된 대규모 연구조사에서 알아낸 사실은, 직원에게 최고인 것이 회사를 위해 최고인 것과 다르지 않다는 점이다. 분명 일부 리더들은 직원들의 웰빙과 행복이 자신이 신경 쓸 바가 아닌 것인 양 계속해서 그것을 무시할 것이다. 하지만 그럴 경우 리더들은 위험에 빠지고 만다. 우리가 수행한 리서치가 제시하는 바에 따르면, 낮은 몰입도와 낮은 웰빙을 지닌 직원들은 그 조직의 성과를 급속히 깎아먹게 될 것이다. 이와 대조적으로, 가장 진취적인 리더들은 자신의 임무가 직원들의 웰빙과 행복 지수를 높이는 것임을 잘 알 뿐만 아니라, 직원을 고용하고 유지하기 위한 경쟁우위로 이런 지식을 활용한다.

자신의 조직에서 일하는 것이 더 좋은 인관관계와 더 높은 경제적 안정감, 육체적 건강, 그리고 지역사회에 대한 더 많은 참여로 전환될지를 잠재적 직원들에게 보여줄 수 있다면 최고의 인재를 쉽게 고용할 수 있다는 사실을 잘 안다. 리더들은 직원들의 웰빙에 관심을 갖고 있다는 것을 말로만 알려서는 안 된다. 실제 결과를 얻고 싶다면 행동을 취해야 한다. 또한 계속 측정하고 후속조치를 취해 직원들이 자신의 웰빙을 관리할 수 있도록 도와야 한다.

가장 성공적인 조직들은 직원들의 몰입도를 최고로 끌어올리기 위한 작업을 체계적으로 수행해오고 있다. 이제 이 조직들은 직원들의 웰빙으로 관심을 돌려 정신적, 재정적, 경쟁력의 우위를 얻기 위한 방편으로 활용한다.

C 5가지 웰빙 테마 재정리

직업적 웰빙

많은 사람들이 전통적인 조직 환경에서 일을 하는 반면 일부는 가정, 교실, 공장 또는 밖에서 일을 한다. 우리들 중 일부는 은퇴자이거나 자원봉사자다. 우리가 어디에서 시간을 보내든지 기본적으로 우리는 뭔가 할 일이 필요하고, 그 일이 가슴 뛰는 일이라면 더욱 이상적이라고 할 수 있다. 직업적 웰빙은 당신이 매일 하는 일을 좋아하는지와 관련이 있다. 직업적 웰빙이 높은 사람들은 매일 아침 그날 할 일에 대한 기대를 갖고 잠에서 깬다. 이들은 또한 자신의 능력과 관심에 꼭 맞는 일을 할 수 있는 기회를 지닌다. 인생에 대한 심오한 목표가 있고 목표들을 이루기 위한 계획도 갖고 있다. 대부분의 경우 이들은 동기부여를 해주고 자신들의 미래에 열정을 갖도록 하는 리더가 있고 그런 열정을 공유할 친구가 있다. 직업적 웰빙이 높은 사람들이 인간관계를 희생하면서까지 업무에 너무 많은 시간을 할애한다고 생각하기 쉽겠지만, 조사 결과에 따르면 그들은 인생을 즐기기 위해 더 많은 시간을 갖고 그 무엇도 당연하게 여기지 않는다. 그 결과 이들은 매일 자신이 하는 일을 즐기며 산다.

사회적 웰빙

우리는 종종 가장 친밀한 관계와 사회적 연줄이 웰빙과 행복에 미치는 영향을 과소평가한다. 그러나 우리 자신의 웰빙은 주위 사람들과 친구들의 독립적 관계 네트워크에 상당한 영향을 받는다. 이런 관계 중 일부는 우리가 뭔가를 달성하는 데 도움을 주기도 하고 또 다른 관계는 건강하게 살고 싶은 동기를 부여하기도 한다. 사회적 웰빙은 삶에서 친밀한 관계와 사랑하는 이를 갖는 것과 관련이 있다. 사회적 웰빙이 높은 사람은 성취하도록 돕고 삶을 즐기게 해주며 건강하도록 돕는 몇몇 친밀한 관계를 형성한다. 그들을 둘러싼 사람들은 발전과 성장을 독려하고, 그들을 있는 그대로 받아들이며, 그들을 존중한다. 이들은 의식적으로 주위 사람들과의 네트워크에 시간을 투자한다. 사회적 웰빙이 높은 사람은 휴가나 친구와 가족과의 모임을 위해 시간을 더 많이 내고, 그 덕분에 사람들과의 관계가 더욱 돈독해진다. 이들은 삶에 대한 큰 애정을 느낀다고 말하며 이로 인해 매일 긍정적인 에너지를 얻는다.

경제적 웰빙

돈으로 행복을 살 수는 없겠지만, 기본적인 욕구가 충족되지 않으면 행복할 수 없다. 이를 넘어서, 보유하고 있는 돈의 양은 재정적 안정과 돈을 관리하고 지출하는 방식보다 전반적인 웰빙에 미치는 영향이 덜 하다. 경제적 웰빙은 효과적으로 돈을 관리하는 것과 밀접한 관련이 있다. 경제적 웰빙이 높은 사람들은 재정을 잘 관리하고 돈을 현명하게 사용한다. 이들은 단순히 물질을 소유하는 것이 아니라 경험을 구매하며, 항상 자신을 위해 돈을 쓰는 대신 남을 위해서도 돈을 사용한다. 기본적으로 이들은 자신들의 삶의 수준에 만족한다. 이들은 성공적인 전략을 통해 경제적 안정을 누리는데, 이런 점은 매일의 스트레스와 부채로 인한 걱정을 없애준다. 이와 같은 경제적 안정으로 자신들이 하고 싶을 때 원하는 것을 할 수 있다. 이들은 자신들이 함께 하고 싶은 사람들과 더 많은 시간을 보낼 자유도 향유한다.

육체적 웰빙

우리의 단기적 선택은 전반적인 건강에 장기적 영향을 줄 수 있다. 건강한 습관을 들이고 식습관, 운동, 수면 같은 라이프스타일상의 현명한 선택을 해나간다면 기분이 좋아지고 에너지가 더 많이 생기며 얼굴이 좋아 보이고 더욱 오래 산다. 육체적 웰빙은 그날그날의 일을 무난히 해낼 수 있도록 좋은 건강과 충분한 에너지를 갖는 것과 관련이 있다. 육체적 웰빙이 높은 사람은 자신의 건강을 잘 관리한다. 규칙적으로 운동을 하여 결과적으로 기분이 한결 나아진다. 좋은 식습관을 선택함으로써 하루 종일 에너지가 충만하고 판단력이 명석해진다. 잠을 충분히 잠으로써 전날 배운 정보를 모두 처리하고 내일을 기분 좋게 시작한다. 건강한 라이프스타일 때문에 이들은 대개 같은 연령대의 사람들이 통상적으로 하는 모든 일을 할 수 있다. 매일 숙면을 취하고 잠에서 깨면 얼굴이 좋아 보이고 기분도 좋아지며 에너지도 더 많이 생긴다.

커뮤니티 웰빙

기본적으로 우리는 거주지가 안전하다고 느끼고 마시는 물과 숨 쉬는 공기의 질에 안심할 수 있어야 한다. 또한 기본적 욕구를 충족해주는 집과 자랑스럽게 여길 수 있는 지역사회가 필요하다. 우리가 지역사회에 참여하고 사회에 환원할 때 우리 자신뿐만 아니라 수혜자, 지역사회 모두가 혜택을 보게 된다. 이처럼 '웰-두잉'은 사회적 상호작용을 심화시키고 더 큰 의미와 목적을 부여하며 더욱 적극적인 라이프스타일을 추구한다. 커뮤니티 웰빙은 거주지역에 대한 참여의식에 관한 것이다.

커뮤니티 웰빙이 높은 사람들은 거주지가 안전하다고 느낀다. 이들은 자신들의 지역사회를 자랑스럽게 여기고 지역사회가 올바른 방향으로 가고 있다고 생각한다. 이로 인해 이들은 종종 사회에 환원하고 싶은 욕구를 느끼고 자신이 속한 사회에 지속적으로 기여한다. 이런 사람들은 능력과 열정을 토대로 자신들이 기여할 수 있는 부분이 어디인지를 파악하고 이런 관심사들을 다른 이들에게 말함으로써 적절한 그룹 및 대의와 연관을 맺는다. 이들이 사회에 공헌하는 바가 처음엔 적을지 몰라도 시간이 지나면서 더 많은 참여를 하게 되고, 자신들이 거주하는 지역사회에 큰 영향을 미치게 된다. 이러한 노력이 우리가 살아가면서 없어서는 안 될 지역사회를 만든다. 수준 높은 지역적 웰빙이 제공하는 긍정적 결과가 좋은 삶, 나아가 행복한 삶으로 이끌어줄 것이다.

D 미국의 웰빙

미국 50개 주와 인구 100만 명 이상 대도시 시민들의 웰빙 수준

우리는 미국인들이 느끼는 웰빙 수준을 알아보기 위해 50개 주와 인구 100만 명 이상 거주하는 대도시에 거주하는 사람들을 상대로 조사를 벌였다. 그리고 '만족하는 웰빙 수준', '보통의 웰빙 수준', '힘겨운 웰빙 수준' 등 세 가지로 구분하여 미국인들의 삶을 평가해보았다. 표에 나타난 비율은 칸트릴(Cantril)의 자기기대 성취를 위한 노력 척도(self-anchoring striving scale)에 따라 사람들이 자신의 삶을 어떻게 평가하느냐를 근거로 산출되었다. 다음에 제시된 표들은 사람들의 일상적 경험을 측정하는 10개 항목에 대한 응답(잘 쉼, 인격적으로 대우받음, 미소 짓거나 크게 웃음, 학습/관심, 즐거움, 육체적 고통, 걱정, 슬픔, 스트레스, 분노)을 토대로 0점에서 10점까지 점수를 매겨 산출되었는데, 미국인들의 일상적 웰빙 수준을 잘 보여주는 자료가 된다. 응답자들이 보낸 각각의 일상적 경험은 점수가 매겨진다. 점수가 높을수록 더 좋은 날(더 긍정적이고 덜 부정적인 일상의 경험 또는 감정)을 보냈다는 의미가 된다.

갤럽-헬스웨이스 웰빙 지수(Gallup-Healthways Well-Being Index)의 연구조사 방법은 현장 조사자, 유선 또는 무선전화만 사용하는 가구를 위한 — 무선전화 샘플링을 포함한 — 이중 프레임 무작위 디지털-다이얼 표본추출, 한 가구 내에서 응답자를 선택하는 무작위 선택방법론에 달려 있다. 이와 더불어 스페인어만 사용하는 응답자를 위한 스페인어 인터뷰, 알래스카와 하와이에서의 인터뷰가 포함되며, 초기 전화 시도에 실패한 응답자를 위하여 복수의 전화조사도 실시된다. 데이터는 일별로 가중 처리되는데, 그 이유는 선택확률과 무응답의 불균형을 보완하고 나이, 성별, 지역, 교육, 민족, 인종으로 분류된 미국 인구센서스의 조사 대상과 일치시키기 위해서다.

휴대전화기만 사용하는 가구와 스페인어를 사용하는 인터뷰까지 포함할 경우 표본은 98%의 미국 성인인구를 대표한다. 참고로 유선전화만 사용하는 전통적인 조사방법의 경우 대략 85%의 성인인구를 대표한다.

이 책을 위해 총 35만 3,849회의 인터뷰가 18세 이상 성인을 대상으로 2009년 1월 2일부터 2009년 12월 30일까지 진행되었다. 표본 크기는 표본 범위와 인구의 규모에 따라 주와 도시마다 각기 다르다(거의 모든 주와 도시의 추정치가 훨씬 더 큰 표본 크기를 기준으로 한 것이지만, 최소 표본 크기 기준은 300명이었고 도시의 표본 크기 중간 값은 676명, 주의 경우는 4,927명이었다). 표본 크기 5,000명의 조사 결과는 95% 신뢰 수준에서 최대 허용 표본 오차 ±1.4% 포인트다. 표본 크기가 1,000명인 경우에는 ±3.1%, 500명인 경우에는 ±4.4%, 300명인 경우에는 ±5.7% 포인트다.

표본 오차 이외에도 질문에 사용되는 단어의 선택, 그리고 조사를 실시할 때 발생하는 어려움 등으로 여론조사 결과에 오차나 편견이 발생할 수 있음을 미리 밝힌다.

미국의 주(州)별 웰빙 수준

● 만족하는 수준 ⦿ 보통 수준 ❶ 힘겨운 수준   (단위: %)

순위	주(州)	●	⦿	❶	일상경험
1	하와이	56.2	40.4	3.5	8.0
2	알래스카	54.9	42.5	2.5	7.9
3	메릴랜드	54.6	42.3	3.1	7.7
4	유타	54.2	43.4	2.4	7.6
5	버지니아	52.8	44.0	3.1	7.7
6	콜로라도	52.5	44.4	3.1	7.6
7	조지아	52.3	44.2	3.5	7.6
8	텍사스	52.1	44.6	3.3	7.6
9	몬태나	51.5	45.0	3.5	7.8
10	뉴멕시코	51.5	44.6	4.0	7.5
11	워싱턴	51.1	45.2	3.7	7.6
12	미네소타	50.9	45.2	3.9	7.9
13	캘리포니아	50.7	45.9	3.4	7.5
14	루이지애나	50.5	45.9	3.7	7.6
15	캔자스	50.4	46.2	3.4	7.8
16	아이다호	50.4	45.5	4.1	7.6
17	델라웨어	50.3	45.8	3.9	7.6
18	오리곤	50.1	45.5	4.4	7.6
19	메사추세츠	50.1	46.6	3.4	7.5
20	사우스다코타	49.9	45.6	4.5	7.8
21	애리조나	49.8	47.0	3.2	7.6
22	일리노이	49.8	47.2	3.0	7.7
23	뉴저지	49.6	46.7	3.7	7.5
24	노스다코타	49.5	46.6	3.9	8.1
25	코네티컷	49.2	47.0	3.7	7.5
26	뉴욕	49.0	47.4	3.6	7.5
27	뉴햄프셔	49.0	46.7	4.4	7.6

출처: 갤럽·헬스웨이스 웰빙 지수(2009년1~12월).

미국의 주(州)별 웰빙 수준

🌀 만족하는 수준　〰️ 보통 수준　❗ 힘겨운 수준　(단위: %)

순위	주(州)	🌀	〰️	❗	일상경험
28	아이오와	48.8	47.8	3.4	7.9
29	네브래스카	48.5	47.9	3.6	7.7
30	노스캐롤라이나	48.5	47.2	4.3	7.6
31	메인	48.5	47.2	4.3	7.6
32	오클라호마	48.4	48.0	3.6	7.5
33	버몬트	48.2	45.7	6.1	7.7
34	미시시피	48.2	47.0	4.8	7.6
35	사우스캐롤라이나	48.0	47.5	4.5	7.7
36	앨라배마	47.8	48.0	4.2	7.5
37	미시간	47.6	48.1	4.4	7.6
38	미주리	47.4	48.4	4.2	7.6
39	테네시	47.4	47.8	4.8	7.4
40	플로리다	47.4	48.5	4.1	7.5
41	펜실베이니아	47.2	48.6	4.2	7.6
42	와이오밍	46.8	49.6	3.6	7.8
43	인디애나	46.5	49.2	4.4	7.5
44	오하이오	46.2	49.3	4.6	7.4
45	위스콘신	45.7	50.1	4.2	7.8
46	켄터키	45.6	49.2	5.2	7.3
47	네바다	45.4	49.6	5.0	7.5
48	로드아일랜드	45.3	51.6	3.1	7.4
49	아칸소	44.7	50.2	5.1	7.4
50	웨스트버지니아	43.2	50.4	6.4	7.2

출처: 갤럽·헬스웨이스 웰빙 지수(2009년1~12월).

미국의 도시별 웰빙 수준(인구 100만 명 이상 대도시 기준)

🔴 만족하는 수준　🟤 보통 수준　🟠 힘겨운 수준　　　　　　　(단위: %)

순위	도시 명	🔴	🟤	🟠	일상경험
1	워싱턴 / 알링턴 / 알렉산드리아	58.7	39.0	2.3	7.8
2	샬럿 / 개스토니아 / 콩코드	55.5	41.7	2.8	7.7
3	샌안토니오	55.3	41.8	2.8	7.6
4	애틀란타 / 샌디스프링스 / 매리에타	55.1	42.0	2.8	7.7
5	버지니아비치 / 노퍽/ 뉴포트뉴스	55.1	42.8	2.2	7.8
6	어스틴 / 라운드록	54.8	39.5	5.7	7.8
7	캔자스시티	54.8	42.6	2.7	7.7
8	댈러스 / 포트워스 / 알링턴	53.6	43.5	2.9	7.7
9	롤리 / 크래이	53.6	42.4	4.0	7.7
10	샌프란시스코 / 오클랜드 / 프레몬트	53.5	43.8	2.7	7.6
11	시애틀 / 타코마 / 벨뷰	53.3	43.9	2.8	7.6
12	멤피스	53.2	43.4	3.4	7.6
13	내시빌 / 데이비드슨 / 머프리즈버로 / 프랭클린	52.8	43.8	3.4	7.7
14	휴스턴 / 슈가랜드/ 배이타운	52.5	44.6	2.9	7.7
15	미니애폴리스 / 세인트폴 / 블루밍턴	52.4	44.3	3.2	7.9
16	써니베일 / 새너제이 / 산타클라라	52.2	45.8	2.0	7.7
17	리버사이드 / 온타리오 / 샌버나디노	52.1	44.9	2.9	7.5
18	포틀랜드 / 밴쿠버 / 비버턴	52.1	44.0	3.9	7.6
19	덴버 / 오로라	51.8	45.3	2.9	7.5
20	보스턴 / 캠브리지 / 퀸시	51.5	45.7	2.9	7.6
21	산디에고 / 칼스배드 / 샌마르코스	50.9	45.8	3.3	7.7
22	로스앤젤레스 / 롱비치 / 산타아나	50.9	45.9	3.2	7.5
23	오클라오마시티	50.6	46.3	3.1	7.6
24	필라델피아 / 캠든 / 윌밍턴	50.6	46.1	3.3	7.5
25	버팔로 / 나이아가라폴스	50.5	45.7	3.7	7.4

출처: 갤럽 · 헬스웨이스 웰빙 지수(2009년1~12월).

미국의 도시별 웰빙 수준(인구 100만 명 이상 대도시 기준)

🧭 만족하는 수준　　〰️ 보통 수준　　❗ 힘겨운 수준　　(단위: %)

순위	도시 명	🧭	〰️	❗	일상경험
26	올랜도 / 키시미	50.3	47.0	2.7	7.6
27	피닉스 / 메사 / 스코츠데일	50.1	46.8	3.0	7.6
28	인디애나폴리스 / 카멜	50.1	45.7	4.2	7.6
29	뉴욕 / 뉴저지 / 롱아일랜드	49.9	46.8	3.3	7.4
30	잭슨빌	49.8	45.2	5.0	7.4
31	뉴올리언스 / 메타리 / 케너	49.8	46.2	4.0	7.5
32	하트포드 / 웨스트하트포드 / 이스트하트포드	49.7	46.8	3.5	7.6
33	콜롬버스	49.7	46.7	3.6	7.5
34	솔트레이크시티	49.6	48.2	2.2	7.5
35	새크라멘토 / 로즈빌 / 아덴아케이드	49.5	46.9	3.6	7.6
36	세인트루이스	49.5	47.6	3.0	7.7
37	클리블랜드 / 일리리아 / 멘토	48.9	47.1	4.0	7.6
38	마이애미 / 폼파노비치 / 포트로더데일	48.6	47.7	3.8	7.4
39	루이스빌 / 제퍼슨카운티	48.1	48.5	3.4	7.6
40	시카고 / 네이퍼빌 / 졸리엣	47.7	48.2	4.1	7.3
41	로체스터	47.6	48.4	4.0	7.6
42	신시네티 / 미들타운	47.5	48.5	4.0	7.5
43	피츠버그	47.3	48.4	4.3	7.6
44	빌트모어 / 토슨	47.1	49.4	3.5	7.3
45	디트로이트 / 워런 / 리보니아	46.3	49.4	4.2	7.5
46	우스터	46.2	49.8	4.1	7.4
47	밀워키 / 워키쇼 / 웨스트앨리스	45.3	51.8	2.9	7.7
48	라스베이거스 / 파라다이스	45.2	50.2	4.6	7.4
49	프로비던스 / 뉴베드포드 / 폴리버	45.0	51.5	3.5	7.4
50	탐파 / 세인트피터즈버그 / 클리어워터	44.7	50.9	4.4	7.5
51	신시내티 / 미들타운	41.7	52.7	5.4	7.3

출처: 갤럽・헬스웨이스 웰빙 지수(2009년1~12월).

E 글로벌 웰빙

글로벌 및 대륙별 웰빙 수준

마지막으로 전 세계인들의 웰빙 수준을 보여주는 표를 제시하며 책을 마무리하려 한다. 갤럽연구팀은 국가별, 대륙별로 나누어 사람들이 느끼는 웰빙과 행복 수준을 조사했다. 이 역시 '만족하는 웰빙 수준', '보통의 웰빙 수준', '힘겨운 웰빙 수준' 등 세 가지로 구분하여 전 세계인들의 삶을 평가했다. 표에 나타난 비율은 칸트릴의 자기기대 성취를 위한 노력 척도에 응답한 것을 기준으로 산출되었다. 미국에서의 조사와 마찬가지로 다음에 제시된 표들 또한 사람들의 일상적 경험을 측정하는 10개 항목(잘 쉼, 인격적으로 대우받음, 미소 짓거나 크게 웃음, 학습/관심, 즐거움, 육체적 고통, 걱정, 슬픔, 스트레스, 분노)에 대한 응답을 토대로 0점에서 10점까지 점수를 매겨 산출되었는데, 전 세계인들의 일상적 웰빙 수준을 잘 보여주는 자료라고 자부한다. 응답자들이 보낸 각각의 일상적 경험은 점수가 매겨진다. 점수가 높을 경우 더 좋은 날(더 긍정적이고 덜 부정적인 일상의 경험 혹은 감정)을 보냈다는 의미다.

갤럽이 계속 진행 중인 글로벌 웰빙 연구조사는 150개 이상의 국가, 전 세계 성인인구의 90% 이상을 대표하는 사람들을 대상으로 조사를 실시한다. 각 국가를 대표할 수 있는 표본을 무작위로 추출하여 조사한다. 갤럽은 대개 각 국가별로 1,000명의 개인을 조사하는데, 이때 각 국가의 주요 언어로 번역된 표준화된 핵심 질문을 활용한다. 일부 지역에서는 핵심 질문 말고도 보조질문이 함께 주어진다. 대면 인터뷰는 대략 1시간 정도 지속되는 반면, 전화 인터뷰는 대략 30분이 소요된다. 많은 국가에서 이 조사가 1년에 한 차례씩 실시되고, 현장연구는 대개 2주에서 4주 만에 끝난다. 미국에서의 데이터는 35만 명을 대상으로 조사한 갤럽-헬스웨이즈 웰빙 Index(2009년 1월 2일부터 12월 30일까지 실시)를 통해 수집되었다.

갤럽연구팀은 글로벌 연구조사의 관리와 설계, 통제에 전적으로 책임이 있다. 우리 갤럽은 지난 70년 동안 정확한 정보를 수집하고 전 세계 사람들의 의견과 희망을 널리 알리는 일이 세계를 이해하는 데 매우 중요하다 인식 아래, 이 원칙을 실천하고자 끊임없이 노력해왔다. 갤럽의 임무는 객관적이고 신뢰할 만하며 과학에 근거를 둔 방식으로 정보를 제공하는 것이다.

최대 오차 범위는 95% 신뢰구간에서 각 국가 차원의 데이터 집합의 비율로 계산된다. 오차 범위에는 또한 총 국가 표본을 설계하는 데에 미치는 대략적인 영향이 반영된다. 부분 집합이 아닌 총 국가 데이터 집합을 토대로 보고된 비율에 대해 오차 범위는 ±3.7% 포인트다. 이는 만약 조사를 완전히 동일한 절차로 100번 실시했을 경우 50% 근처의 '참값'은 100번 중 95번의 경우 46.3%에서 53.7% 사이에 있음을 의미한다.

조사의 타당성에 영향을 미칠 수 있는 다른 요인에는 번역 문제와 같은 질문지와 관련된 측정 오차와 타깃 대상 일부가 조사를 위해 선택될 확률이 0인 범위 오차가 있다. 이와 더불어 간혹 조사대상 국가 중 권위주의적인 나라의 경우 응답자들이 조사에 솔직히 응하지 않아 잠재적으로 점수가 부풀려질 수도 있다.

국가별 웰빙 수준

🙂 만족하는 수준　〰️ 보통 수준　❗ 힘겨운 수준　　　(단위: %)

순위	국가 명	🙂	〰️	❗	일상경험
1	덴마크	82	17	1	7.9
2	핀란드	75	23	2	7.8
3	아일랜드	72	28	0	8.1
4	노르웨이	69	31	0	7.9
5	스웨덴	68	30	2	7.9
6	네덜란드	68	32	1	7.7
7	캐나다	68	31	1	7.8
8	뉴질랜드	63	35	2	7.6
9	스위스	62	36	2	7.6
10	오스트레일리아	62	35	3	7.5
11	스페인	60	37	3	7.3
12	이스라엘	60	36	4	6.4
13	오스트리아	57	40	3	7.7
14	영국	56	41	3	7.4
15	벨기에	56	41	3	7.3
16	멕시코	52	44	4	7.8
17	파나마	51	46	2	8.2
18	UAE	51	46	3	7.2
19	미국	50	47	4	7.6
20	프랑스	49	49	2	7.0
21	사우디아라비아	48	51	1	6.8
22	푸에르토리코	47	45	8	7.6
23	자메이카	46	49	5	7.7
24	싱가포르	46	49	5	7.0
25	쿠웨이트	45	54	1	7.5
26	트리니다드 토바고	44	51	5	7.9
27	콜롬비아	44	48	7	7.4

출처: Gallup World Poll 2005~2009.

국가별 웰빙 수준

🧭 만족하는 수준 〰️ 보통 수준 ❗ 힘겨운 수준   (단위: %)

순위	국가 명	🧭	〰️	❗	일상경험
28	그리스	44	49	7	7.1
29	벨리즈	44	50	6	6.8
30	이탈리아	42	52	6	6.7
31	베네수엘라	42	52	6	8.0
32	코스타리카	40	54	6	7.9
33	사이프러스	40	53	7	7.0
34	체코 공화국	39	51	9	6.6
35	카자흐스탄	39	57	4	6.9
36	브라질	37	57	6	7.4
37	독일	36	56	7	7.3
38	아르헨티나	33	58	8	7.2
39	과테말라	33	59	8	7.8
40	칠레	32	56	12	7.0
41	가나	31	64	5	7.0
42	러시아	31	56	13	7.1
43	우루과이	31	58	11	7.3
44	리투아니아	29	55	16	6.1
45	코소보	29	65	6	6.2
46	폴란드	28	61	10	7.1
47	슬로바키아	28	58	13	7.0
48	도미니카공화국	28	53	19	6.8
49	파키스탄	27	50	23	6.2
50	온두라스	26	59	14	7.7
51	벨라루스	26	63	11	7.0
52	말레이시아	25	69	6	7.7
53	일본	25	65	11	7.4
54	보츠와나	24	65	11	7.3

출처: Gallup World Poll 2005~2009.

국가별 웰빙 수준

😊 만족하는 수준　　〰 보통 수준　　❗ 힘겨운 수준　　　　　　　(단위: %)

순위	국가 명	😊	〰	❗	일상경험
55	대한민국	24	61	15	6.5
56	쿠바	24	66	11	6.7
57	페루	23	56	20	6.9
58	레바논	23	60	17	5.8
59	에콰도르	22	62	15	7.6
60	태국	22	72	6	7.8
61	알제리	22	71	7	6.2
62	포르투갈	22	61	17	7.1
63	대만	22	64	14	7.5
64	니카라과	21	56	23	7.4
65	루마니아	21	56	23	6.6
66	남아프리카	21	71	8	7.3
67	볼리비아	21	69	10	6.9
68	슬로바키아	21	60	19	6.5
69	아제르바이잔	21	65	14	6.4
70	에스토니아	20	64	16	7.0
71	우즈베키스탄	20	74	5	7.6
72	우크라이나	20	58	22	6.7
73	이란	19	66	14	6.3
74	타지키스탄	19	74	7	6.6
75	인도	19	74	7	6.5
76	인도네시아	18	72	10	8.2
77	터키	18	62	20	6.1
78	라트비아	18	62	20	7.0
79	베트남	17	77	5	7.2
80	튀니지	17	77	6	6.8
81	엘살바도르	16	56	28	7.8

출처: Gallup World Poll 2005~2009.

국가별 웰빙 수준

🧭 만족하는 수준　〰 보통 수준　❗ 힘겨운 수준　　　　(단위: %)

순위	국가 명	🧭	〰	❗	일상경험
82	가나	16	79	5	7.6
83	이집트	16	71	14	6.4
84	방글라데시	16	71	13	6.9
85	홍콩	15	71	14	6.8
86	나이지리아	14	83	3	7.2
87	카메룬	14	77	9	7.0
88	말라위	14	79	7	7.5
89	잠비아	14	78	8	7.6
90	헝가리	13	53	34	6.9
91	중국	13	77	10	7.8
92	필리핀	13	70	18	6.7
93	중앙아프리카 공화국	12	75	13	6.4
94	아르메니아	12	74	14	6.2
95	수단	12	78	10	7.1
96	키르기스스탄	12	75	14	7.3
97	나미비아	11	79	10	8.1
98	팔레스타인	11	68	21	5.5
99	앙골라	11	81	8	6.8
100	모로코	11	82	8	7.7
101	모잠비크	10	78	11	7.2
102	스리랑카	10	76	15	7.1
103	조지아	10	56	35	6.2
104	케냐	9	78	13	7.5
105	르완다	8	77	15	6.9
106	기니	8	89	3	7.1
107	몽코	7	81	12	7.0
108	세네갈	7	87	6	7.2

출처: Gallup World Poll 2005~2009.

국가별 웰빙 수준

🧭 만족하는 수준　〰️ 보통 수준　❗ 힘겨운 수준　　　　(단위: %)

순위	국가 명	🧭	〰️	❗	일상경험
109	네팔	7	82	11	7.4
110	마다가스카르	7	84	10	7.0
111	우간다	6	71	23	6.8
112	탄자니아	6	70	24	7.5
113	불가리아	6	58	36	6.5
114	에티오피아	5	65	29	7.0
115	차드	5	88	7	7.1
116	라이베리아	5	90	5	6.7
117	아프가니스탄	5	68	27	6.1
118	콩고	5	83	12	6.8
119	모리타니	5	82	13	7.3
120	아이티	4	60	35	6.2
121	캄보디아	4	79	17	6.5
122	베냉	4	80	16	6.7
123	니제르	4	82	14	7.5
124	이라크	3	74	23	5.9
125	짐바브웨	3	56	40	6.7
126	부르키나파소	3	71	26	6.5
127	말리	3	70	28	8.0
128	시에라리온	3	74	23	6.3
129	부룬디	2	63	35	6.3
130	토고	1	67	31	5.0

출처: Gallup World Poll 2005~2009.

대륙별 웰빙 수준 - 아프리카

● 만족하는 수준　● 보통 수준　● 힘겨운 수준　　　　　(단위: %)

순위	국가 명	●	●	●	일상경험
1	보츠와나	24	65	11	7.3
2	알제리	22	71	7	6.2
3	남아프리카	21	71	8	7.3
4	튀니지	17	77	6	6.8
5	가나	16	79	5	7.6
6	이집트	16	71	14	6.4
7	나이지리아	14	83	3	7.2
8	카메룬	14	77	9	7.0
9	말라위	14	79	7	7.5
10	잠비아	14	78	8	7.6
11	중앙아프리카 공화국	12	75	13	6.4
12	수단	12	78	10	7.1
13	나미비아	11	79	10	8.1
14	앙골라	11	81	8	6.8
15	모로코	11	82	8	7.7
16	모잠비크	10	78	11	7.2
17	케냐	9	78	13	7.5
18	르완다	8	77	15	6.9
19	기니	8	89	3	7.1
20	세네갈	7	87	6	7.2
21	마다가스카	7	84	10	7.0
22	우간다	6	71	23	6.8
23	탄자니아	6	70	24	7.5
24	에티오피아	5	65	29	7.0
25	차드	5	88	7	7.1
26	라이베리아	5	90	5	6.7
27	콩고	5	83	12	6.8

출처: Gallup World Poll 2005~2009.

대륙별 웰빙 수준 - 아프리카

🧭 만족하는 수준 〰 보통 수준 ❗ 힘겨운 수준　　　(단위: %)

순위	국가 명	🧭	〰	❗	일상경험
28	모리타니	5	82	13	7.3
29	베냉	4	80	16	6.7
30	나이지리아	4	82	14	7.5
31	짐바브웨	3	56	40	6.7
32	부르키나파소	3	71	26	6.5
33	말리	3	70	28	8.0
34	시에라리온	3	74	23	6.3
35	부룬디	2	63	35	6.3
36	토고	1	67	31	5.0

출처: Gallup World Poll 2005~2009.

대륙별 웰빙 수준 – 아시아

😊 만족하는 수준　〰️ 보통 수준　❗ 힘겨운 수준　　(단위: %)

순위	국가 명	😊	〰️	❗	일상경험
1	뉴질랜드	63	35	2	7.6
2	오스트레일리아	62	35	3	7.5
3	이스라엘	60	36	4	6.4
4	UAE	51	46	3	7.2
5	사우디아라비아	48	51	1	6.8
6	싱가포르	46	49	5	7.0
7	쿠웨이트	45	54	1	7.5
8	키프로스	40	53	7	7.0
9	카자흐스탄	39	57	4	6.9
10	파키스탄	27	50	23	6.2
11	말레이시아	25	69	6	7.7
12	일본	25	65	11	7.4
13	대한민국	24	61	15	6.5
14	레바논	23	60	17	5.8
15	태국	22	72	6	7.8
16	대만	22	64	14	7.5
17	아제르바이잔	21	65	14	6.4
18	우즈베키스탄	20	74	5	7.6
19	이란	19	66	14	6.3
20	타지키스탄	19	74	7	6.6
21	인도	19	74	7	6.5
22	인도네시아	18	72	10	8.2
23	터키	18	62	20	6.1
24	베트남	17	77	5	7.2
25	방글라데시	16	71	13	6.9
26	홍콩	15	71	14	6.8
27	중국	13	77	10	7.8

출처: Gallup World Poll 2005~2009.

대륙별 웰빙 수준 - 아시아

🧭 만족하는 수준　〰 보통 수준　❗ 힘겨운 수준　　　　(단위: %)

순위	국가 명	🧭	〰	❗	일상경험
28	필리핀	13	70	18	6.7
29	아르메니아	12	74	14	6.2
30	키르기스스탄	12	75	14	7.3
31	팔레스타인	11	68	21	5.5
32	스리랑카	10	76	15	7.1
33	조지아	10	56	35	6.2
34	몽고	7	81	12	7.0
35	네팔	7	82	11	7.4
36	아프가니스탄	5	68	27	6.1
37	캄보디아	4	79	17	6.5
38	이라크	3	74	23	5.9

출처: Gallup World Poll 2005~2009.

대륙별 웰빙 수준 - 아메리카

🧭 만족하는 수준 〰 보통 수준 ❗ 힘겨운 수준 (단위: %)

순위	국가 명	🧭	〰	❗	일상경험
1	캐나다	68	31	1	7.8
2	멕시코	52	44	4	7.8
3	파나마	51	46	2	8.2
4	미국	50	47	4	7.6
5	푸에르토리코	47	45	8	7.6
6	자메이카	46	49	5	7.7
7	트리니다드 토바고	44	51	5	7.9
8	콜롬비아	44	48	7	7.4
9	벨리즈	44	50	6	6.8
10	베네수엘라	42	52	6	8.0
11	코스타리카	40	54	6	7.9
12	브라질	37	57	6	7.4
13	아르헨티나	33	58	8	7.2
14	과테말라	33	59	8	7.8
15	칠레	32	56	12	7.0
16	가이아나	31	64	5	7.0
17	우루과이	31	58	11	7.3
18	도미니카공화국	28	53	19	6.8
19	온두라스	26	59	14	7.7
20	쿠바	24	66	11	6.7
21	페루	23	56	20	6.9
22	에콰도르	22	62	15	7.6
23	니카라과	21	56	23	7.4
24	볼리비아	21	69	10	6.9
25	엘살바도르	16	56	28	7.8
26	아이티	4	60	35	6.2

출처: Gallup World Poll 2005~2009.

대륙별 웰빙 수준 - 유럽

🧭 만족하는 수준　〰 보통 수준　❗ 힘겨운 수준　　　　　(단위: %)

순위	국가 명	🧭	〰	❗	일상경험
1	덴마크	82	17	1	7.9
2	핀란드	75	23	2	7.8
3	아일랜드	72	28	0	8.1
4	노르웨이	69	31	0	7.9
5	스웨덴	68	30	2	7.9
6	네덜란드	68	32	1	7.7
7	스위스	62	36	2	7.6
8	스페인	60	37	3	7.3
9	오스트리아	57	40	3	7.7
10	영국	56	41	3	7.4
11	벨기에	56	41	3	7.3
12	프랑스	49	49	2	7.0
13	그리스	44	49	7	7.1
14	이탈리아	42	52	6	6.7
15	체코공화국	39	51	9	6.6
16	독일	36	56	7	7.3
17	러시아	31	56	13	7.1
18	리투아니아	29	55	16	6.1
19	코소보	29	65	6	6.2
20	폴란드	28	61	10	7.1
21	슬로베니아	28	58	13	7.0
22	벨라루스	26	63	11	7.0
23	포르투갈	22	61	17	7.1
24	루마니아	21	56	23	6.6
25	슬로바키아	21	60	19	6.5
26	에스토니아	20	64	16	7.0
27	우크라이나	20	58	22	6.7
28	라트비아	18	62	20	7.0
29	헝가리	13	53	34	6.9
30	불가리아	6	58	36	6.5

출처: Gallup World Poll 2005~2009.

웰빙 파인더

초판 1쇄 발행 2011년 4월 15일
초판 5쇄 발행 2011년 4월 30일

지은이 | 톰 래스 · 짐 하터
옮긴이 | 성기홍
펴낸이 | 홍경숙
펴낸곳 | 위너스북

기획편집 | 김형석
마 케 팅 | 안경찬

출판등록 | 2008년 5월 2일 제313-2008-221호
주   소 | 서울 마포구 합정동 370-9 벤처빌딩 207호
주문전화 | 02-325-8901
팩   스 | 02-325-8902

북디자인 | 김윤남디자인
종   이 | 한솔 PNS
인   쇄 | 영신문화사
출   력 | 미성 D&C

값 14,000원
ISBN 978-89-94747-03-3 13320

∗이 책은 저작권법에 따라 보호를 받는 저작물이므로 무단전재와 복제를 금지합니다.
  이 책 내용의 전부 또는 일부를 사용하려면 반드시 저작권자와 위너스북의
  서면 동의를 받아야 합니다.
∗잘못된 책이나 파손된 책은 구입하신 서점에서 교환하여 드립니다.
∗위너스북에서는 출판을 원하시는 분, 출판 아이디어가 있으신 분들의 문의를 환영합니다.
  winnersbook2@naver.com